CUENTA REGRESIVA A JERUSALÉN

John Hagee

CASA
CREACIÓN
A STRANG COMPANY

Cuenta regresiva a Jerusalén por John Hagee
Publicado por Casa Creación
Una compañía de Strang Communications
600 Rinehart Road
Lake Mary, Florida 32746
www.casacreacion.com

A menos que se indique lo contrario, todos los textos bíblicos han sido tomados de la versión Reina-Valera, de la *Santa Biblia*, revisión 1960. Usado con permiso.

Citas del Corán: "La Traducción del Corán", 7º edición, por Abdullah Yusef Ali (Elmhurst, N.Y: Tahrike Tarsile Corán, Inc, 2001)

Algunos de los nombres utilizados en los casos ilustrativos de este libro se han cambiado, como así también los detalles identificativos, para proteger el anonimato. Toda similitud con personas vivas o fallecidas es mera coincidencia.

Publicado originalmente en E.U.A. bajo el título:
Jerusalem Countdown © 2006 por John Hagee
por Charisma House, A Strang Company
Lake Mary, FL 32746. All rights reserved.

Traducción y diseño interior por: *Grupo Nivel Uno, Inc.*
Diseño de portada por: *Judith McKittrick*

Library of Congress Control Number: 2006922687

ISBN: 1-59185-930-1

Impreso en los Estados Unidos de América

06 07 08 09 10 * 7 6 5 4 3 2 1

«*Dedicado cariñosamente a Derek Prince:*
Un amante de Israel,
estudiante y maestro de la Biblia en el mundo entero,
consejero espiritual personal,
y
muy preciado amigo»

CONTENIDO

INTRODUCCIÓN

¡Cuenta regresiva a Jerusalén* conmociona con otra visión del mundo! Al usar mis fuentes confidenciales en Israel, informaciones provenientes de expertos militares alrededor del mundo, y profecías realmente sorprendentes de la Biblia, expondré esta realidad: al menos que el mundo entero, incluyendo Estados Unidos, Israel, y el Medio Oriente, encuentren pronto una solución diplomática y pacífica a la amenaza nuclear: ¡Israel y Estados Unidos pronto entrarán en una colisión nuclear con Irán!

Aclaremos estos puntos.

Irán es el punto clave del terrorismo global islámico. Irán se lo ha dejado bien en claro a Estados Unidos, Europa, y las Naciones Unidas, quienes pretenden unirse al club nuclear. El presidente de Irán ha anunciado que Irán compartirá su poder nuclear con el mundo islámico.

El odio de Irán hacia Estados Unidos e Israel no tiene límites. El programa nuclear de Irán está diseñado para formar una fuerza islámica global y, a mi juicio, es una amenaza tan grande a la democracia cómo la de los nazis de Hitler o el comunismo de Lenin.

El ataque del 11 de septiembre ha probado que los terroristas islámicos están listos para usar sus armas contra Estados Unidos sobre suelo estadounidense.

Estados Unidos e Israel se verán forzados a detener la producción nuclear de Irán o a arriesgar la seguridad nacional de ambas naciones.

¿Sucederá eso? ¿Cuándo?

¿Cuál será la respuesta de las naciones islámicas si Estados Unidos e Israel bombardean los sitios de producción nuclear en Irán?

¿Se unirán las naciones islámicas a Rusia en una colisión militar para atacar a Israel como lo describe el profeta Isaías?

¡La *cuenta regresiva a Jerusalén* ha comenzado, y con sus consecuencias el mundo cambiará para siempre!

Sección 1

¿DÓNDE ESTAMOS HOY?

ES CASI IMPOSIBLE tomar el diario de cualquier país o ver cualquier programa matutino de noticias sin oír que el conflicto con Medio Oriente se va acrecentando y haciendo imposible de evitar. Muchas de estas noticias tienen relación con el conflicto entre Israel e Irán y la amenaza del desarrollo de armas nucleares de Irán.

Este libro se escribe entre la primavera y el verano del 2005. Es muy probable que antes de que este libro sea publicado a principios del año 2006, Estados Unidos y las naciones del mundo hayan establecido que Irán, un estado terrorista islámico, se una oficialmente al club nuclear.

Muchos ven que Irán está desarrollando estrategias nucleares como una amenaza para la seguridad del mundo y la estrategia frágil de Medio Oriente. A pesar de las protestas de Irán en cuanto a que sus avances en los programas nucleares son tan sólo para una propuesta de poder civil para su generación, su persistente intención de adquirir armas nucleares nos cuenta otra historia. Además, sus diabólicos líderes han declarado públicamente que usarán violencia, cualquier clase o grado de violencia que se requiera para alcanzar el objetivo más alto del Islam: una victoriosa guerra santa (una *jihad*) contra los Estados Unidos, *el Gran Satán*, e Israel, *el Pequeño Satán*. Para alcanzar este objetivo, Irán continúa escondiendo la ayuda a organizaciones terroristas en Irak, Líbano y Palestina, incluyendo el apoyo de Osama bin Laden y su red de terror Al-Qaeda.[1]

¿Entonces que significa todo esto para usted? ¿Para mí? ¿Para Israel? ¿Para Estados Unidos? Con este libro, tengo la esperanza de que tome conciencia de cuán importante es este conflicto que se acrecienta día a día para todo el mundo.

El avance del terrorismo en nuestro mundo y la crisis emergente del Medio Oriente entre Israel e Irán son parte del retrato más grande del plan de Dios para el futuro de Israel y el mundo entero. Vamos a descubrir que estamos frente a una cuenta regresiva en el Medio Oriente: la cuenta regresiva a Jerusalén, una batalla que el mundo nunca ha visto ni verá de nuevo. Es una cuenta regresiva que acabará con el fin del mundo.

1

LA CUENTA REGRESIVA NUCLEAR QUE SE ACERCA ENTRE IRÁN E ISRAEL

La BATALLA FINAL DE JERUSALÉN está a punto de comenzar. Todos los días en los medios observamos la terrible tormenta que se desata sobre el Estado de Israel. Los vientos de guerra nuevamente están por barrer con la ciudad sagrada de Jerusalén. El mundo está por descubrir el poder del Dios de Abraham, Isaac, y Jacob, el Guardián de Israel «Quien... no duerme ni descansa» (Salmo 121:4). Su grandiosa furia se desencadenará en defensa de Israel.

Al iniciar este capítulo, vamos a echar un vistazo a Irán, el enemigo de Israel. Napoleón Bonaparte, el gran conquistador de antaño, había instruido a su ejército con indicaciones como: "¡Conozcan a vuestro enemigo!". Quisiera conocer las diabólicas estrategias de destrucción que este enemigo de Israel y el mundo ha planeado. Debemos estar preparados para detener a este diabólico enemigo en sus planes. No hay mucho tiempo para alcanzarlo. ¡Los impedimentos son muchos, y equivocarnos no es una opción! A menos que nos preparemos hoy, mañana podríamos amanecer en los horrores de una guerra nuclear iraní en Israel, o en Estados Unidos.

En el otoño del 2004, el primer ministro de Israel Benjamín Netanyahu y yo nos sentamos en mi despacho en la Iglesia de Cornerstone [Cornerstone Church] para discutir las realidades geopolíticas del Medio Oriente, unos momentos antes de salir al escenario para celebrar nuestra Noche Anual de Honor a Israel frente a una audiencia en vivo de cinco mil cristianos y judíos. Nuestro mensaje llegaría a noventa millones de televidentes y más de cien naciones.

Le pregunté al primer ministro en qué situación se encontraba Irán con respecto a las armas nucleares. Netanyahu con candidez admitió que durante su administración en la inteligencia israelí había informado a los Estados Unidos que Irán estaba trabajando con armas nucleares de medio y alto rango, que serían capaces de bombardear Londres, Nueva York, y Jerusalén.

El Sr. Netanyahu prosiguió con la impresionante revelación de que los Estados Unidos eran muy escépticos con respecto a los reportes de inteligencia israelíes.

Más tarde, la inteligencia israelí dio a conocer a este país pruebas a través de fotos de científicos rusos, quienes crearon armas nucleares para la Unión Soviética durante la Guerra Fría pero que estaban en desuso, donde ayudaban a Irán a mejorar su sueño de desarrollar armas nucleares.

Le respondí con asombro: ¿Puede alguien imaginar el caos global, económico y político si tres misiles de alto rango nuclear atacan a la vez Wall Street en Nueva York, Londres y Jerusalén? En una hora, la economía del mundo colapsaría y la civilización occidental se destruiría.

Si Irán no puede desarrollar un sistema de envío para armas de alto rango nuclear, ellos y otros estados terroristas, podrían crear una bomba nuclear que sería despachada en una maleta.

¿Puede alguien en sus cabales creer que estos fanáticos islámicos, actualmente a cargo del gobierno iraní, tan pronto como puedan, no usarán esas armas contra Estados Unidos, «El Gran Satán», y contra Israel, el objetivo eterno de su odio islámico en el Medio Oriente? El presidente de Irán, Mahmoud Ahmadinejad, ha anunciado con atrevimiento al mundo a través de *Fox News* que pretenden compartir el poder nuclear de Irán con todas las naciones islámicas.

Observemos lo que los medios han descubierto alrededor del mundo y luego comparémoslo con las terribles revelaciones que mis fuentes en Israel me han informado.

El 3 de febrero del 2004, en el diario *Dali Telegraph* de Londres, Inglaterra anunció este titular:

Confesión del padre de la bomba atómica de Pakistán: «He vendido secretos nucleares a Libia, Irán y Corea del Norte»

El artículo escrito por Ahmed Rashid confirmó que «el padre de la bomba atómica de Pakistán había confesado haber vendido armas nucleares secretas a uno de los estados guerreros más importantes del mundo».[1]

Este artículo reportó: «La admisión de que Abdul Qadeer Khan vendió libremente tecnología nuclear a Irán, Libia y Corea del Norte confirma uno de los peores miedos de Estados Unidos: que un aliado cercano de la «guerra contra el terrorismo» había cometido traición entregando armas a su peor enemigo».[2]

La historia continúa confirmando el hecho espeluznante de que el anciano de setenta años Sr. Khan confesó a los investigadores en un informe de once hojas que «él había provisto los secretos a otros países musulmanes... así ellos podrían convertirse en un poder nuclear y extender su cultura por el mundo».[3]

Lo oficiales dijeron que el Sr. Khan comenzó primero a transferir diseños, dibujos, y componentes para gas centrífugo a Irán entre 1989 y 1991. Hay una clara evidencia de que Irán ha estado escondiendo armas nucleares durante veinte años.

El diario *Jerusalem Post* prohibió el encabezamiento del 5 de agosto de 2003, que anunciaba con descaro:

Irán puede construir la bomba nuclear para el 2005

La historia confirmaba que Irán tendría las maquinarias y materiales necesarios para hacer una bomba nuclear en el 2004 y que tendría un programa operativo de armas nucleares para el 2005.

De acuerdo con el *Jerusalem Post*, Irán: «Ha estado involucrado en un patrón de actividades clandestinas y ha escondido armas ante las auditorías de los inspectores internacionales. La tecnología y los científicos de Rusia, China, Corea del Norte y Pakistán han seguido el programa nuclear de Irán mucho más de cerca que Irak».[4]

Israel está muy consciente de la amenaza de ataque nuclear de Irán. En su libro *Countdown to Crisis* [Cuenta regresiva a la crisis], Kenneth Timmerman escribe: «Los líderes israelíes han advertido que falta poco. El 24 de enero de 2005, el director de la Mossad, Meir Dagan, dijo a los parlamentarios israelíes que 'hacia fines del 2005 los iraníes alcanzarán el punto de no retroceder desde la perspectiva tecnológica de crear capacidad de enriquecimiento de uranio. Una vez que uno tiene esa capacidad', agregó, 'es libre de hacer lo que quiera'».[5]

El vicepresidente Dick Cheney dirigió el problema de esta amenaza proveniente de Irán en el programa de radio de Don Imus del 20 de enero, justo antes de la inauguración. «Irán está primera en la lista de la administración en cuanto a problemas en el mundo», dijo. Si nada se hizo con el programa de armas nucleares de Irán, entonces se supone que Israel «podría tomar la decisión primero» para destruir sitios de armas nucleares y dejar que otros «se preocupen de cómo limpiar el desastre posterior».[6]

El 26 de agosto de 2005, fuentes del *Executive Intelligence Review*, el general retirado Paul Vallely, director del Comité Militar del Centro de Seguridad Policial Frank Gaffney, dijo: Tenemos que derrotar a Irán».[7]

Vallely sostuvo: «No podemos dejar que el Islam y los iraníes desestabilicen el Medio Oriente y el mundo... Sé que los Israelíes están preparados para tomar una acción militar decisiva».[8]

Recuerden que Israel bombardeó el reactor nuclear de Irak en 1981, y que la prensa mundial condenó unánimemente al estado judío, acusándolo de ser diplomáticos hostiles. El tiempo ha probado que Israel hizo lo correcto para el bienestar del mundo, destruyendo la habilidad de Saddam Hussein de crear armas nucleares. Cuando Estados Unidos fue a la guerra en Irak en 1992, durante la Tormenta del Desierto, nuestras tropas habrían enfrentado armas nucleares que casi originarían la batalla del Armagedón.

El 13 de abril de 2005, *The Associated Press* emite este titular:

Israel comparte inteligencia con Estados Unidos sobre bombas iraníes

El primer ministro israelí Ariel Sharon presionó a los Estados Unidos para amenazar a Irán con sanciones internacionales, advirtiendo que Irán se estaba acercando con rapidez a un punto de no retroceder en su programa nuclear. La Casa Blanca acotó que esto confirmaba que Irán estaba comprando armas nucleares «bajo un disfraz de programa civilizado», pero que quería continuar la estrategia diplomática actual para resolver el problema.[9]

La historia continúa con la cita en el diario israelí *Yediot Achronot* del primer ministro Ariel Sharon como dice el vicepresidente Cheney: «Irán está muy cerca del punto de no retroceder».

Sharon cree que el esfuerzo europeo por tratar de hacer de cambiar las ambiciones de Irán ha sido inefectivo.

Ahora que Francia ha votado en contra de la Constitución de la Unión Europea por un largo margen, Europa aparece débil y dividida en un momento de la historia en que el mundo entero está tambaleando frente a la Tercera Guerra Mundial.

Un oficial israelí de alto rango se expresó mientras viajaba con el primer ministro Sharon, quien era huésped en la casa de campo del presidente Bush: «Hay que tomar una acción inmediata contra Irán. Hay un tiempo limitado, porque Irán pronto alcanzará el punto tecnológico de no echarse para atrás... y será demasiado tarde».[10]

En una entrevista con un desertor de un establecimiento nuclear secreto de Irán en París, el 13 de julio de 2005, *Iran Focus*, un servicio que provee novedades sin fines de lucro y que se concentra en los eventos de Irán, Irak, y el Medio Oriente, formuló esta pregunta: «¿Cuán pronto tendrán la bomba?». El espía replicó: «Cómo físico con mucha experiencia y contactos con establecimientos nucleares en Irán, no tengo dudas de que el régimen en Teherán no está lejos de la bomba nuclear... El líder actual en Teherán ve las armas nucleares como un factor indispensable de su estrategia».[11]

Cuando se le preguntó de qué modo la llegada del nuevo presidente ultraconservador, Mahmoud Ahmadinejad, cambiaría las cosas, replicó: «Ahora que ustedes tienen al mando en la rama ejecutiva un comandante de la Guardia Revolucionaria con la misma trayectoria que la de Ahmadinejad, el programa de armas nucleares recibirá un gran empuje».[12]

LOS SEIS PASOS PARA CREAR UNA BOMBA NUCLEAR

El uranio, una vez enriquecido, puede formar el corazón de la bomba nuclear. Pero enriquecerlo requiere una tecnología difícil de adquirir, y tiempo. El equipo que Khan, el padre de la bomba atómica de Pakistán, traficaba incluía centrífugas, las cuales son absolutamente necesarias para el enriquecimiento.

Aquí veremos cómo funciona el proceso:

1. *Extraerlo:* El mineral de uranio se extrae, se muele y se empapa con ácido sulfúrico, obteniendo uranio puro.

2. *Molerlo:* El uranio se seca y filtra obteniéndose un grueso polvo llamado «torta amarilla»

3. *Hornearlo:* «La torta amarilla» es expuesta al gas flúor y calentado a 133° F (56° C), convirtiéndolo en un gas, hexafluoruro de uranio.

4. *Revolverlo:* El gas es colocado en una máquina centrífuga que gira a la velocidad del sonido. Mientras gira, el más pesado U-238 se mueve hacia afuera mientras el más liviano, el isótopo altamente fisionable U-235 se acerca al centro.

5. Revolverlo nuevamente: El ligeramente enriquecido U-235 es colocado en otra máquina centrífuga, donde luego se lo enriquece. Se mueve con alrededor de 1,500 centrífugos. Una vez que esté 20% puro, el uranio se considera altamente enriquecido. Sólo a más de 90% de pureza –lo que requiere cerca de un año– se logra lo que forma un arma.

6. Exprimirlo: El uranio enriquecido se convierte en polvo metálico, óxido de uranio, el cual puede ser moldeado en forma de una esfera pesando alrededor de 16 a 46 kilogramos, para ir colocado en un arma.[13]

En el artículo que apareció en el *National Review Online* el 27 de junio de 2005, el autor de éxitos de librería Joel C. Rosenberg declaró: «Acabo de llegar a Washington luego de haber estado en Israel y Jordania donde me encontré con numerosos oficiales de inteligencia, militares y políticos de alto nivel. Durante este evento, ellos anunciaron que Irán obtendría «el punto de no-retroceso» al comienzo del nuevo año. Esto es, en enero del 2006 –si no antes– Irán tendría finalmente la tecnología, el conocimiento, y el entrenamiento nuclear que los científicos necesitan para producir uranio altamente enriquecido».[14]

Mis fuentes en Israel apoyan esta información. Ellos me dicen (en abril de 2005) que Irán está en el escalón número 5, y puede tener una bomba lista entre 12 a 18 meses. Eso haría que las armas nucleares de Irán estén listas para abril del 2006, a menos que la diplomacia internacional intervenga.

RESPUESTA IRANÍ

Irán ha amenazado con sangrientas represalias en caso de atacar, por lo que los planificadores militares del Pentágono están armando juegos de guerra para estar preparados para cualquier cantidad de respuestas iraníes —desde ataques a las fuerzas de Estados Unidos en Irak hasta bombardeos sobre Israel para liberar la red Al-Qaeda, y para un ataque terrorista sobre los Estados Unidos.

El general de la fuerza aérea Tom McInerney especuló: «Creo que ellos podrían... La verdadera pregunta es: ¿Será como una pesadilla? ¿Será nuclear?».[15]

En una revisión de política secreta, la administración de Bush ordenó al Pentágono que diseñe planes contingentes para el uso de armas nucleares contra por lo menos siete países, nombrando no sólo a Rusia y a los «ejes del mal» (Irán, Irak y Corea del Norte), sino también a China, Libia, y Siria.[16]

Además, se le ha dicho al Departamento de Defensa de los Estados Unidos de estar preparados para la posibilidad de que se requieran armas nucleares en alguna futura crisis árabe-israelí. Como es el caso de desarrollar planes para el uso de armas nucleares contra posibles ataques químicos o biológicos, así como «desarrollos militares sorpresivos» de cualquier naturaleza.[17]

Éstos y un encargo de otras directivas, incluyendo llamados para desarrollar bombas «bunker-busting» (bombas que penetran el suelo a gran profundidad), mini bombas atómicas y armas nucleares que reducen daños colaterales, están guardadas en un documento llamado *The Nuclear Posture Review* (NPR) que fue enviado al Congreso.[18]

MAPA DE LOS SITIOS MÁS IMPORTANTES DE INSTALACIONES NUCLEARES DE IRÁN[19]

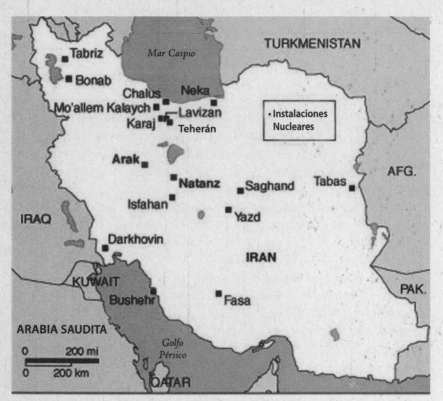

Fuentes: Associated Press; GlobalSecurity.org, ESRI

MAPAS GENERALES DE LA FUERZA AÉREA ISRAELÍ CÓMO ATACAR REACTORES EN IRÁN

El ex jefe de la Fuerza Aérea Israelí (IAI por sus siglas en inglés), comandante general Eitan Ben-Eliahu (retirado), ha planeado las rutas de penetración aérea para un ataque internacional a Irán. También ha revisado los armamentos más apropiados para usar en ese ataque; todo esto, por supuesto, debería fracasar con los esfuerzos políticos.

Ben Eliahu dio una conferencia en el programa nuclear de Irán, que se realizó en el Centro de Diálogo Estratégico en abril del 2005. En su discurso, Ben Eliahu notó que este problema no involucra solamente a Irán, ya que «la respuesta política y militar debe ser llevada con la coordinación y cooperación internacional».[20]

El ex jefe de la IAI repasó posibles vías para atacar Irán, remarcando: «A diferencia del bombardeo al reactor en Irak en 1981, que fue localizado sorpresivamente, una operación contra Irán es una tarea compleja que requiere un amplio rango de instrumentos».[21]

Entre otras cosas, Ben Eliahu habló de la posibilidad de un ataque internacional a Irán usando armas cruzadas, similares a las del ataque de Estados Unidos a Irak en 1998. Los estadounidenses tienen bombarderos, algunos de ellos son barcos escondidos, capaces de bombardear Irán con armas de precisión de poco riesgo para ellos.

El arma óptima, según Ben Eliahu, sería la bomba GBU 28, capaz de penetrar en la tierra en forma muy profunda.

Ben Eliahu contó a la prensa israelí que se había referido a un posible ataque a Irán como experto en poder aéreo, y no como ex comandante de la fuerza aérea, y que sus palabras no deberían ser tomadas como parte del plan aéreo. «Hablé de la fuerza militar basada en una colisión, no de la Fuerza Aérea de Israel».[22]

Irán tiene sus propias interpretaciones de los comentarios hechos por el ex jefe de la IAI. En un claro y ambiguo mensaje, el Jefe de Estado Mamad Salimi declaró: «Lidiaremos de manera seria con las amenazas (hechas por) los israelíes y los estadounidenses. La gente que está detrás de estas amenazas está jugando con fuego. Les advertimos en caso de verse involucrados en una guerra de agresión contra nosotros».[23]

IRÁN, LA BOMBA E ISRAEL

El 17 de abril de 2005, la *Netanya Academic College* (Universidad de Netanya) en Israel dirigió la conferencia del Centro Estratégico de Diálogo con este tema: «El Medio Oriente Multinuclear; Irán, la Bomba e Israel»

Una de las cosas más destacadas de esta importante conferencia fue una entrevista telefónica entre Ronen Bergman, un periodista del diario *Yediot Achronot*, y el doctor Manoucherhr Ganji, ministro veterano y científico iraní bajo órdenes del Sha antes de que la República Islámica de Irán derrotara al Sha.

La entrevista telefónica es la siguiente:

Ronen Bergman: "Entonces Dr. Ganji, ¿cuán lejos está la República Islámica de Irán de obtener su... primera arma nuclear?"

Dr. Manoucher Ganji: "No creo que falte mucho para que la obtengan. Están trabajando duramente en secreto, y tienen la infraestructura. Hasta aquí todos saben acerca de siete de los centros. Así que les daría cómo máximo... en mi opinión lo máximo va a ser en dos años."

Bergman: "¿Dos años para construir su primer bomba?"

Dr. Ganji: "Sí."

Bergman: "Algunas personas que hoy hablaron en esta interesante conferencia se han preguntado acerca de la motivación de la República Islámica en obtener tal capacidad. ¿Cómo describiría esta motivación?"

Dr. Ganji: "Bueno, lo primero y primordial es el resultado de la regla de los pasados veintiséis años. Para los clérigos en Irán, su creencia general es que no hay alternativa islámica para la sociedad, y los iraníes han descubierto que quieren presentar una alternativa islámica. Pero los iraníes han encontrado que no hay otra alternativa para los problemas económicos, políticos y sociales de la sociedad que no sea islámica. Actualmente, en Irán existe el sentimiento general de que todo el islamismo es una gran mentira y que la tendencia de la opinión pública se ha volcado a favor del secularismo, aún entre los más altos tecnócratas, oficiales y jefes del gobierno.

"El régimen clerical continúa como un aficionado desafiando al terrorismo y las armas nucleares de alto rango. Para sobrevivir, la inteligencia tiene en cuenta los esfuerzos del régimen para desarrollar armas nucleares y misiles de alto rango en abundancia. Por ahora, es un hecho conocido que desde 1980 los *mullah* [consejeros islámicos] han existido luego de la adquisición de misiles y armas de destrucción masiva, las cuales incluyen misiles químicos, biológicos y nucleares de alto rango.

"La mayoría de la gente del régimen considera que su régimen se haría invencible, forzando a los Estados Unidos y a otros a lidiar con ellos en sus términos.

Es sabido que Corea del Norte, Rusia, los viejos científicos nucleares de los estados soviéticos, ingenieros náuticos, y otros han estado trabajando en Irán para hacer su sueño realidad. Con la posición de la bomba, los líderes piensan que pueden actuar de forma irracional por chantaje, desterrar a los Estados Unidos y sus aliados, y prolongar la vida del régimen. Por supuesto, Israel llamado «Liberación del Islam» se considera el objetivo número uno."

Begman: "Entonces usted está diciendo, Dr. Ganji, que el régimen en Teherán está tratando de obtener esta capacidad nuclear para preservar su propio estatus como regla de estado."

Dr. Ganji: "Absolutamente. Ellos han perdido la mayoría de su credibilidad dentro de Irán. Una gran mayoría de iraníes se oponen al régimen. Ellos mismos lo saben, y creen que la única vía para sobrevivir, depende de su capacidad nuclear para prevenir a otros de asistir a los iraníes (quienes están cansados del horror y la brutalidad de la dictadura religiosa islámica). El régimen no es popular en absoluto; el odio general del régimen se refleja en el odio al líder supremo de Irán Ayat Allah Ali Khamenei y su Kahu. Así que el régimen no tiene hoy... raíces.

"Los clérigos están a cargo, y su deseo es tener armas nucleares. Ellos usarán el ejercicio, el llamado principio *tqbi'yeh*, la confección de un principio islámico que les permite a ellos mentir cualquier sean sus intereses. Ellos han mentido, y mentirán hasta obtener lo que quieren."

Bergman: "¿Cuáles cree usted que serían los pasos a tomar por los ayatolaes en Teherán teniendo la capacidad nuclear y los medios para llevarlo a suelo extranjero?"

Dr. Ganji: "Creo que ellos consideraran a su enemigo número uno que es Israel."[24]

MI FUENTE EN ISRAEL

Al estar viajando con regularidad desde 1978 y durante años, he desarrollado una red calificada y ubicado estratégicamente fuentes confidenciales en Israel y el Medio Oriente.

Lo siguiente es una entrevista telefónica con una fuente conocida por mí y un líder israelí muy distinguido y conocedor de los problemas de desarrollo de estrategia en Israel y el Medio Oriente.

La entrevista telefónica del 2 de mayo de 2005 es la siguiente:

Pastor Hagee: "Este es el Pastor John Hagee de San Antonio."
Fuente: "¿Cómo está usted, Pastor Hagee?"
Pastor: "Muy bien, señor. ¿Cómo está usted?"
Fuente: "Bien, me está yendo bien."

Pastor: "¿Está en algún lugar dónde pueda hablar?"

Fuente: "Sí, puedo hablar."

Pastor: "Está bien. Sólo quisiera revisar algunas de las cosas que hablamos en nuestra última conversación, cuando usted y yo estábamos solos en mi oficina. Exactamente hablábamos de Israel e Irán.

"Y en nuestra conversación, discutimos el progreso de Irán en cuanto a bombas nucleares. ¿Podría decirme de nuevo cuántos pasos hay para hacer esa bomba nuclear? Sé que me lo dijo, pero lo olvidé."

Fuente: "Sí. Hay aún cinco o seis. Depende, por lo general, son cinco pasos. Ellos estiman que están cerca de un paso y medio para terminar, y esto puede darse en un año o un año y medio."

Pastor: "¿Entonces tienen un paso y medio para estar listos?"

Fuente: "Sí."

Pastor: "¿Cuánto tiempo les llevará para que la bomba esté lista?"

Fuente: "De acuerdo a lo estimado (le he preguntado a un experto en el área), es alrededor de un año o año y medio."

Pastor: "De acuerdo, de 12 a 18 meses..."

Fuente: "Los expertos dicen dos años, pero no creo que Occidente pueda esperar dos años."

Pastor: "¿Está Irán más lejos de hacer esta bomba de lo que Estados Unidos cree?"

Fuente: "No lo sé. La semana pasada, Vladimir Putin (presidente de Rusia) visitó Israel, y dijo que los rusos podían preparar el uranio para los iraníes de manera que lo usen sólo con fines pacíficos y de forma restringida para propuestas militares. Pero una vez que ellos enriquezcan el uranio, no se puede garantizar que sólo la usarán para fines pacíficos. Puede convertirse en propuestas militares."

Pastor: "¿Entonces los rusos, están ayudando a construir la bomba?"

Fuente: "No sólo los rusos, pero también los franceses y alemanes. Ellos dicen que lo están haciendo con fines de paz o de poder. Lo irónico es que el embajador de Irán de la Naciones Unidas fue entrevistado hace sólo dos semanas en CNN. Y dijo que Irán debía preparar algún polvo nuclear, porque no sabemos por cuánto tiempo tendrán nuestro petróleo. Pero aquellos que entienden sobre el volumen del petróleo en Irán admiten que tienen suficiente para 130 años más.

"Se trata de algo medio tonto, sabe, personas que tratan de enloquecer al mundo, diciendo: «Lo hacemos, porque quizás no tendremos más petróleo»."

Pastor: "¿Le dicen sus fuentes de inteligencia cuántas localidades hay en Irán donde se esté construyendo esta bomba?"

Fuente: "Son seis localidades, y le he dejado un mapa la última vez que estuve allí."

Pastor: "¡Tengo el mapa! [Ver página ¿?.] De acuerdo, ¿entonces usted cree que Irán tendrá la lista la bomba dentro de doce a dieciocho meses?"

Fuente: "Correcto. Eso es lo que obtuve como información de la gente con la que he hablado."

Pastor: "¡Gracias por esta información! A este punto, Israel no tiene otra alternativa de tomar acciones militares contra Irán. ¿Cree que Israel hará esto, o piensa que esperarán que Estados Unidos tome acciones militares como el Sr. Sharon ha declarado en los medios?"

Fuente: "Creo que habrá una combinación [de Israel y Estados Unidos]. Israel recibió la semana pasada, en suma confidencialidad, bombas muy potentes de Estados Unidos. Usted nunca ha visto bombas que pueden ir tan profundo."

Pastor: "¿Entonces [Israel] está obteniendo de esas potentes bombas de 2,500 kg. guiadas por láser?"

Fuente: "Exacto."

Pastor: "¿Quiere decir que las obtuvieron la semana pasada?"

Fuente: "Sí, y lo que le estoy diciendo es un cien por cien correcto."

Pastor: "Bien."

Fuente: "Cuando no sé algo, siempre se lo digo."

Pastor: "Seguro. ¿Cuál cree que será la reacción de Irán contra Israel cuando esto suceda?"

Fuente: "Irán tiene misiles de alto rango que pueden alcanzar cualquier lugar de Israel."

La fuente confidencial entonces discutió conmigo el desarrollo de los misiles israelíes Arrow, los cuales él cree tienen la habilidad de destruir los misiles iraníes que atacarían a Israel.

Luego le pregunté sobre el tema que habíamos discutido en la conversación previa.

Pastor: "¿Cree que Israel bombardeará Irán entre abril del 2006 y septiembre del 2006?"

Fuente: "Sí, creo eso. Pastor, usted sabe más que nadie que no es obligación internacional de Israel que se realice un suicidio en masa."

Pastor: "Sí, estoy de acuerdo."

Esto finalizó la importante conversación referente al progreso de la bomba nuclear de Irán, ¡y la creencia de que pronto Israel se verá forzado a responder a las amenazas nucleares de Irán!

El 23 de septiembre de 2004, el escritor de *Newhouse News Service*, David Word, dio la siguiente información:

> «En medio de la creciente preocupación de que Israel podría lanzar un ataque preventivo contra el programa nuclear de Irán, los Estados Unidos están avanzando con el traslado a Israel de 5,000 bombas pesadas guiadas con precisión, incluyendo 500 «de penetración terrestre» de 1,000 kg. diseñadas para usar contra las instalaciones subterráneas.
>
> «Para transferir, tienen también bombas de 1,250 y 1,000 kg. «Mark-84», bombas de 250 y 500 kg. «Mark-83», otras bombas y granadas. Todas las bombas se están armando con el equipo de la Junta de Dirección de Municiones Aéreas (JDAM por sus siglas en inglés) que usa una guía inercia y señala desde los satélites de posición global del ejército de los Estados Unidos para una muerte segura.
>
> "Eso es un arsenal para una guerra", expresó Joseph Cirincione, asociado mayor para la no proliferación en la Carnegie Endowment for Internacional Peace [Dotación Carnegie para la Paz Internacional] en Washington. Él sostiene que cualquier ataque en las instalaciones nucleares de Irán, en tres complejos importantes y docenas de otros lugares, «no sería un golpe menor; sería un golpe aéreo militar de amplia escala que ocasionaría consecuencias graves».[25]

¿CÓMO LE AFECTA A USTED?

Si las instalaciones nucleares de Irán son atacadas, esté seguro que Irán contraatacará también con misiles nucleares que tienen disponibles o con una serie de bombas sucias vendidas a células de Al-Qaeda en Estados Unidos, esperando por la señal de ataque.

Si el 11 de septiembre probó algo... fue que los Estados Unidos no es inmune a los ataques de nuestros enemigos. El 11 de septiembre prueba también, más allá de cualquier duda razonable, que nuestros enemigos están dispuestos a usar cualquier arma que tengan para matar la mayor cantidad de estadounidenses posible. El honor más alto en el Islam es morir como un mártir matando cristianos y judíos. El que hace esto, despierta en un cielo islámico rodeado por setenta vírgenes.

Las Naciones Unidas enviarán grupos nucleares a Irán y observarán el otro camino durante el mayor tiempo posible. ¿Por qué? Porque las Naciones Unidas está resentida con los Estados Unidos por no estar en su agenda global. Las Naciones Unidas están ofendidas con la administración de Bush por ir a la guerra de Irak, cuando ellos no estaban de acuerdo con dicha guerra. La invasión de Estados Unidos a Irak expuso la corrupción de las Naciones Unidas con el dicho «comida por petróleo», involucrando a un líder importante de esta organización.

La Naciones Unidas han etiquetado sionismo como racismo, lo que significa que tiene un antiguo odio por Israel.

Recuerden que este libro se está escribiendo en abril del 2005, y varias autoridades han dicho que Irán está a doce o dieciocho meses de crear la bomba. Eso nos da la fecha, de abril a octubre, como dijo mi fuente; hora de preocuparse por el mundo.

Si Israel ataca, habrá sin duda una amplia armada arábica-islámica unida para atacarlos e intentar dirigir a los judíos hacia el Mar Muerto. ¡Una vez más, Jerusalén se convierte en el objetivo! Un vistazo casual a la crisis geopolítica del Medio Oriente con estados terroristas y vándalos que poseen armas nucleares... estamos parados en el borde de un Armagedón nuclear.

Estamos en una cuenta regresiva a una crisis. La guerra nuclear con Irán es certera. La guerra de Ezequiel 38-39 podría comenzar antes de que se publique este libro. Israel y Estados Unidos deben enfrentar la habilidad y las ganas de Irán de destruir con armas nucleares a Israel. Para Israel, esperar es cometer suicidio. Los líderes del gobierno revolucionario de Irán son fanáticos de su odio por Israel y Estados Unidos.

Sólo la escritura profética de Ezequiel es tan clara, vívida y específica, describiendo la guerra masiva e inminente en el Medio Oriente que llevará al mundo hacia Armagedón. La guerra de Ezequiel, como se describe en los capítulos 38 y 39, consistirá en una coalición árabe de naciones lideradas por Rusia, con el propósito de exterminar a los judíos de Israel y controlar la ciudad de Jerusalén. El saldo ruso será la habilidad para controlar el petróleo del Golfo Pérsico.

La demostración de ese odio es la elección del nuevo presidente radical de Irán, Mahmoud Ahmadinejad, quien ha sido identificado por tres testigos estadounidenses en el ataque de 1979 de la Embajada de Estados

Unidos en Irán, como uno de sus interrogadores durante la crisis de rehenes. El 30 de junio de 2005, el diario *Washington Times* entrevistó a un veterano rehén retirado de la armada, coronel Charles Scout de 73 años, quien dijo que reconoció a Ahmadinejad como uno de sus captores «tan pronto como vi su foto. Era uno de los más importantes de los tres líderes. El nuevo presidente de Irán es un terrorista».[26]

Luego del artículo del 30 de junio, otros antiguos rehenes habían identificado a Ahmadinejad como a uno de sus captores durante la crisis de la embajada de 1979.

A pesar de que ha habido contradicciones de que si la foto que aparecía en el artículo era o no Ahmadinejad, el mismo *Aljazeera* ha reconocido su participación.

El domingo 29 de junio de 2005, *Aljazeera* informó:

> «Cuando era un joven estudiante, Ahmadinejad se unió a una acción ultra conservadora de la Oficina de Unidad de Refuerzo y participó en la captura de la Embajada de los Estados Unidos... De acuerdo a los reportajes, Ahmadinejad asistió a encuentros de planes para tomar posesión de la Embajada de Estados Unidos, y en estos encuentros accionó para una absorción simultánea de la Embajada Soviética.[27]

Ese no es el único dato de la trayectoria del terrorista Ahmadinejad. Otras fuentes lo han identificado como el ejecutor en la prisión de Evin. Antiguos prisioneros políticos que estuvieron en esa prisión en 1981 han dicho que Ahmadinejad era conocido como «*Tir Khalas Zan*», que significa «el que quema golpes de gracia».[28] *Aljaseera* también ha identificado a Ahmadinejad como «un antiguo comandante y guardia revolucionario islámico, conservador y leal al líder supremo de Irán, Ayat Allah Ali Khamenei».[29]

Luego de su elección, el presidente juró hacer una revolución mundial islámica. «Gracias a la sangre de los mártires, una nueva revolución islámica se ha levantado y la revolución islámica de 1384 [el año corriente de Irán] cortará, si Dios lo permite, las raíces de la injusticia del mundo».[30]

Luego de varias semanas de su elección, Ahmadinejad, el nuevo presidente de Irán, dirigió una conferencia en Teherán titulada «Un mundo sin sionismo», y declaró que «el régimen de ocupación de Qods [Jerusalén o Israel] debe ser eliminado del mapa del mundo, y que con la ayuda del

Todopoderoso, experimentaremos un mundo sin Estados Unidos y sin sionismo, sin respetar a quien duda». Continuó su comentario diciendo: «Para quienes dudan, para los que se preguntan si es posible, o para los que no creen, yo les aseguro que un mundo sin Estados Unidos e Israel es posible y factible».[31]

La forma de actuar de Ahmadinejad en la conferencia puso a Irán sobre el camino de la confrontación. Un analista iraní contó a *Asia Times Online*: «El peligro de esa declaración tan radical [de Ahmadinejad] es que al anudar las creencias religiosas con un tema nuclear, lleva a un tema explosivo que estallará en la cara de todos los iraníes».[32] ¿Cuál será la respuesta de Irán al ataque militar israelí de sus plantas de armas nucleares? ¿Cómo responderán Siria, Arabia Saudita, Jordán, Egipto y Libia?

Si las naciones árabes unen sus fuerzas bajo el mando de Rusia, la cual ha estado ayudando a Irán a desarrollar armar nucleares por varios años, el infierno descrito en Ezequiel 38-39 explotará a través del Medio Oriente, sumergiendo al mundo en el Armagedón.

El nuevo presidente de Irán parece estar escalando posiciones en las facciones más fuertes del islamismo y politiza con la determinación de Israel para continuar autogobernándose y ser independiente. El 27 de junio de 2005, en un artículo en el *Christian Science Monitor* (El Monitor de la Cientología Cristiana), el escritor Scott Peterson declaró: «Los críticos dicen que Ahmadinejad retrocederá a Irán a un talibanesco y oscuro tiempo, le devolverá ocho años de reglas sociales perdidas, y acelerará una colisión con Estados Unidos y el Occidente mediante el terrorismo nuclear».[33]

Irán ha indicado que nunca suspenderá la conversión del uranio y ha rechazado una resolución de una agencia nuclear de las Naciones Unidas, ordenando la detención de la conversión de uranio en su planta atómica en Isfahan.[34]

Rusia ha anunciado «una dramática expansión de su cooperación con Irán en crear poderosas plantas nucleares, ignorando que la administración de Bush implica que el programa podría ayudar a construir una bomba nuclear».[35]

Aunque Irán ha negado que esté desarrollando armas nucleares, las fuentes indican que podrían tener una bomba nuclear lista a principios del 2006.

Todo indica que Irán se está apresurando para hacer esto.

De acuerdo a un informe confidencial de una agencia observadora nuclear de las Naciones Unidas, obtenido el viernes 2 de septiembre de

2005, Irán ha producido casi quince libras de gas usado para enriquecer uranio.[36]

El informe dice que Irán ha convertido uranio crudo en casi siete toneladas de un gas llamado *hexafloruro de uranio*, el cual se usa para hacer armas nucleares. El inspector nuclear de la Agencia Internacional de Energía Atómica [IAEA por sus siglas en inglés], David Albright, dijo en una entrevista telefónica desde Washington que la cantidad sería suficiente para una bomba atómica.[37]

En respuesta a la posición de Irán sobre el poder nuclear, en una entrevista para la TV israelí, el presidente George W. Bush expresó: «Todas las opciones están sobre la mesa. El uso de la fuerza es la última opción para cualquier presidente. Ustedes saben que hemos usado la fuerza no hace mucho para la seguridad de nuestro país».[38] ¿Cómo sería una confrontación con el Medio Oriente para Estados Unidos? ¿Qué pasaría si Estados Unidos entrara en la zona de batalla en defensa de Israel? Estas son preguntas que están en las mentes de muchos estadounidenses, y en el próximo capítulo consideraremos algunas de las posibles respuestas.

2 ¿HIROSHIMA ESTADOUNIDENSE?

L AS AUTORIDADES DE ESTADOS UNIDOS están todavía tratando de encontrar una resolución diplomática sobre los intereses de Irán de crear instalaciones nucleares. «Pero si la diplomacia falla, la administración de Bush se vería forzada a considerar sus opciones militares.»[1] En un discurso sobre la guerra al terrorismo en el National Endowment for Democracy en Washington DC el jueves 6 de octubre de 2005, el presidente Bush comparó la ideología de los militantes islámicos al comunismo, diciendo que ellos están intentando «...derrocar todo gobierno moderado en la región y quieren establecer un imperio radical islámico que se expandiría de España a Indonesia». Y reiteró: «Contra tal enemigo, sólo hay una respuesta efectiva: nunca retrocederemos, nunca daremos o aceptaremos otra cosa que una completa victoria».[2]

En abril del 2005, *Fox News* habló con dos generales retirados y un militar experto, quienes perfilaron algunas opciones que tiene Estados Unidos.

ACCIÓN CUBIERTA

La administración de Bush podría enviar agentes de la CIA o comandos para sabotear las instalaciones nucleares.

"Habría armas sin humo, sin huellas digitales", dijo Walter Russell Mead con el Consejo de Relaciones Extranjeras. "No nos enfrentaríamos con esa horrible, pero horrible opción de enfrentar una guerra o ellos obtienen un arma."[3]

BLOQUEO NAVAL

Se enviarían naves de guerra estadounidenses al Estrecho de Hormuz para detener la exportación de petróleo iraní. Esto presionaría a los mullahs para que abandonen el enriquecimiento de uranio y permitir inspecciones.

Uno de los puntos débiles es que Irán es el productor más grande de petróleo de la OPEC, entonces podrían poner un bloqueo en la economía de muchos países aliados con Estados Unidos. Otro problema potencial podría ser que no se trabajara lo suficientemente rápido y esto dejaría las instalaciones nucleares intactas.

«Entonces, la pregunta no es si podemos o no hacerlo. Podemos. La pregunta es, a qué costo», manifestó Mead.[4]

GOLPES QUIRÚRGICOS

Las fuerzas estadounidenses podrían avanzar en los objetivos de ataques nucleares iraníes, golpeando los lugares de más alto riesgo –tales como Bushier, Natanz, Arak, Isfahan, y una docena más– usando misiles de mar y tierra.

"Estamos movilizando algunos grupos de aviones hacia el Golfo Pérsico como habíamos hablado", dijo el comandante retirado de la armada, general Paul Vallely. "Ellos estarían posicionados para derribar cualquier avión del Mar Mediterráneo, el Mar Árabe y el Golfo Pérsico."[5]

Luego, aviones sigilosos F-117 tomarían el sistema de radar disparando misiles y armas antiaéreas en Isfahan o misiles terrestres alrededor del reactor Bushier. Los aviones bombarderos B-2 que cargan ocho bombas (de 2,500 kg.) de penetración subterránea guiadas por láser impactarían los blancos enterrados, como el lugar de enriquecimiento Natanz o los túneles profundos de Isfahan.

Los golpes quirúrgicos también ayudarían a dañar la capacidad de Irán para el contraataque, limitando así la cantidad de víctimas civiles, según Vallely.

"No estamos tras la población", dijo. "No estamos para explotar puentes. Tratamos de interrumpir el control, su habilidad para usar fuerzas en la tierra, en el aire, así como las fuerzas navales. Que se rindan lo más pronto posible. Esa es la clave."[6]

ASALTO GENERAL

Un enorme esfuerzo militar estadounidense, que involucraría cientos de miles de tropas, se necesitaría para tener un ejército "en posición". Pero los expertos que hablaron con Fox News consideran que esa sería la última posibilidad.

La fuerza militar de los Estados Unidos ya está quedando chica con respecto a Afganistán e Irak (Irán es cuatro veces más grande que Irak, y casi tres veces más la cantidad de gente). Una guerra terrestre podría llegar a matar miles, quizás diez mil, y el costo sería de miles de millones. Un conjunto de coaliciones sería aún más difícil para lo que fue la guerra de Irak.

«Por algún motivo, los británicos no parecen muy dispuestos. Y frente a esto, sin los ingleses, no tenemos una coalición». dijo Mead.[7]

Las votaciones reflejan que un significante porcentaje de estadounidenses están cansados de la guerra con Irak, y quieren que Bush les dé una fecha certera para que las tropas regresen. Un asalto masivo por tierra a Irán no es tan simple como en una pantalla de radar.

Kenneth Timmerman se refirió en su libro *Countdown to Crisis* [Cuenta regresiva a la crisis] sobre un golpe militar de Estados Unidos a gran escala al declarar: «Un golpe militar a gran escala de parte de los Estados Unidos sobre Irán sería costoso, inefectivo, y contraproducente. Probablemente, fracasaríamos en sacar todas las armas nucleares escondidas que tiene Irán. Además, los oficiales de la inteligencia de Estados Unidos discuten en privado que le daríamos a todos esos ciudadanos un argumento de victoria para movilizarlos, quienes pudieran por otro lado apoyar a las fuerzas en pro de la democracia. En cambio, deberíamos dar más poder a las fuerzas en pro de la democracia para cambiar el régimen. Deberíamos hacer eso abiertamente, y con una política de gobierno. Pero debemos apoyar a las organizaciones ajenas al gobierno, sobre todo iraníes, a hacer el trabajo... Debemos ayudar a los iraníes a crear un cambio en el régimen de antiviolencia, antes de que el reloj dé las doce campanadas. Y es casi la hora».[8]

Mientras Estados Unidos considera las opciones para responder a las amenazas del conflicto nuclear de Irán, me parece que un golpe quirúrgico preventivo es una opción que Estados Unidos está decidido a tomar. Tal respuesta tendrá un efecto significativo en los intereses de Estados Unidos en el Medio Oriente e Irán, y en todo el mundo.

En un exhaustivo informe del Centro de Estudios Contra la Proliferación que investiga las posibles consecuencias de un ataque preventivo, sea de Estados Unidos o Israel, en las instalaciones de Irán, se anunciaba:

> «En el caso de un ataque estadounidense e israelí sobre las instalaciones nucleares, es probable que Irán tome ventaja de su extensiva lista de aliados en Irak para más adelante provocar choques entre las tropas de Estados Unidos y Shi'a Irak.

El mismo puede resultar exitoso con un crecimiento de resistencia popular contra la presencia de estadounidenses en Irak. En ese caso, las víctimas americanas y los costos se verían multiplicados mientras Irán eventualmente se desintegra en la violencia al estilo libanés. Tales eventos serían desastrosos para los intereses de Estados Unidos en el Medio Oriente, y negar cualquier beneficio actual podría ser usado para destruir las instalaciones nucleares de Irán. El hecho es que la utilidad de un exitoso ataque preventivo en los dominios nucleares de Irán es que probablemente sea breve si Estados Unidos se empantana en Irak».[9]

El 23 de agosto de 2005, el brigadier general Mohammed Reza Jaafari «juró que su suicidio voluntario destruirá los intereses de Estados Unidos sobre todo el mundo en repudio a cualquier atentado de Estados Unidos contra las instalaciones nucleares de Irán».[10] Hablando de los miles de voluntarios para la «Operación Búsqueda de Mártires» desde cuatro de las más importantes ciudades de Irán cercanas a los sitios nucleares, Jaafari declaró:

«Si Estados Unidos fuera a cometer el error de comenzar un ataque contra la sagrada República Islámica de Irán, responderemos con fuego sobre todos sus intereses en todo el mundo y no le dejaremos ninguna ruta de escape... Háganle saber a Estados Unidos que si comienzan una guerra en nuestro suelo, una guerra de agotamiento contra Washington comenzará de inmediato y destruiremos todos sus puntos sensibles».[11]

EL MAPA DE RUTA POR LA PAZ

Hablemos acerca de la presente batalla por Jerusalén, la cual es el camino verdadero hacia la paz. Comenzó en el otoño del 2002, presentado por lo que los medios llaman «El Cuarteto» —Estados Unidos, Rusia, Europa, y las Naciones Unidas. Hay tres etapas en este Mapa de Ruta por la Paz.

La primera etapa de este mapa requiere que Israel se retire de Gaza. Usted ha visto que esto sucede ante sus ojos en las noticias de televisión.

La segunda etapa es que Israel debe retirarse de la franja occidental.

La tercera etapa es que se requiere de Israel una porción de Jerusalén para los árabes como capital del estado palestino.

Los fundamentalistas islámicos no honrarán o se abstendrán de cualquier Mapa de Ruta por la Paz. Ellos están usando ese mapa como un arma de guerra.

Quieren la paz con Israel por pedacitos. Hoy ellos tienen Gaza. Luego, están pidiendo la franja occidental. Y el último «dulce» es la ciudad de Jerusalén, la cual transformarán en capital de un estado palestino que será terrorista, y cuyo objetivo será la destrucción de Israel.

La batalla por Jerusalén ya ha comenzado. E Israel, desesperada por la paz, negocia ella misma dentro de la peor guerra que se haya visto. La guerra afectará cada nación de la tierra, incluyendo a Estados Unidos, y afectará a cada persona del planeta Tierra.

En la historia del mundo, los acuerdos de paz pobremente concebidos llevaron a una guerra aún mayor. Un caso específico es el Tratado de Versalles, que terminó con la Primera Guerra Mundial. Cuando el Tratado de Versalles se escribió, era tan fuerte para el pueblo alemán que lo llevó a crear la plataforma a través de la cual Adolfo Hitler subió al poder. De haber sido escrito con una pizca de compasión, Hitler no habría podido sobrevivir. Pero el Tratado de Versalles hizo posible que los nazis subieran al poder con un nacionalismo fanático, que creó al Tercer Reich.

El Mapa de Ruta por la Paz es un documento mal concebido, por el cual Israel ha abandonado Gaza, luego la franja occidental, y luego Jerusalén. Con claridad, viola la Palabra de Dios. ¿Cómo es entonces? Joel 3:2 dice: «...reuniré a todas las naciones [incluyendo a EE.UU.], y las haré descender al valle de Josafat, y allí entraré en juicio con ellas a causa de mi pueblo, y de Israel mi heredad, a quien ellas esparcieron entre las naciones, y repartieron mi tierra» [nota aclaratoria por el autor].

Cuando Estados Unidos forzó a Israel a abandonar Gaza, estaba violando lo que dice Joel 3:2. Estamos dando a los enemigos de Israel la tierra más importante para que Israel sobreviva en la guerra venidera. Es hora de que nuestros líderes nacionales en Washington detengan esta locura.

Fui invitado a Washington DC para encontrarme con Condoleezza Rice y otros líderes nacionales involucrados en este mapa. Cuando les pregunté por Jerusalén, la respuesta fue ésta: «Jerusalén es tan controversial. Es tan sensible que ni siquiera se puede discutir sobre ella».

Entonces, pongamos a Jerusalén sobre la mesa, porque Jerusalén es la Ciudad de Dios. «Yo [Dios] he elegido a Jerusalén, para que mi nombre esté allí... en esta casa y en Jerusalén, la cual elegí... Yo pondré mi nombre para siempre» (2 Cr. 6:6; 33:7). Jerusalén es la ciudad mencionada 811 veces en las Escrituras. Jerusalén es la ciudad donde el rey Salomón construyó su templo, el cual fue una de las Siete Maravillas del Mundo. Jerusalén es la ciudad donde Jeremías e Isaías pronunciaron los principios morales y espirituales que formaron los estándares del bien para las naciones del mundo.

Dejemos que los cristianos evangélicos de Estados Unidos se pongan de pie en absoluta solidaridad con el Estado de Israel y pidan que nuestros líderes en Washington ya no digan: «Ésta (la retirada de Gaza) es el comienzo de la retirada de Israel».

Hecho: Israel no debería dar otro pedazo de tierra a los palestinos hasta que cada organización terrorista operando bajo el régimen de Palestina baje sus armas de guerra y prueben que están dispuestas a vivir en paz, lado a lado con el Estado de Israel. Los palestinos deberían revisar su plan de destrucción de Israel. Jerusalén no será dividida nuevamente, por ninguna razón, con nadie a quién no le interesen los requisitos del Mapa de Ruta por la Paz.

ESTADOS UNIDOS Y EL CONFLICTO CON EL MEDIO ORIENTE

Ahora observemos la crisis con Irán que se aproxima. Irán, con mucha rapidez, está fabricando armas nucleares para usarlas contra Israel y Estados Unidos, y está lista para compartir su tecnología con otras naciones islámicas. El presidente de Irán, ha dicho en la televisión internacional: «Con respecto a las necesidades de los países islámicos, estamos listos para transferir nuestro conocimiento nuclear a estos países».[12] Esto significa que cada organización terrorista islámica tendrá la oportunidad de usar esas armas. Ahora, pensemos en esto.

Esto significa que bombas en maletines podrían explotar en las más importantes ciudades de Estados Unidos al mismo tiempo. Imaginen el caos de docenas de Katrinas ocurriendo al mismo tiempo, creadas por la devastación de bombas atómicas de maletines. Cada bomba podría matar a un millón de personas si explotara en una ciudad muy grande como Nueva York. Usted dice que no puede pasar. Se está equivocando. Eugene Habiger, un ex ejecutivo de estrategias de armas del Pentágono, dijo que un evento nuclear mega-terrorista sobre suelo norteamericano es «... no un problema de *sí*, sino de *cuándo*».[13]

Durante los debates presidenciales del 2004, el presidente Bush y el senador Kerry dijeron que las armas nucleares en manos de terroristas representan el peor peligro para el pueblo estadounidense. Durante su campaña, el vicepresidente Cheney advirtió que un ataque nuclear proveniente de Al-Qaeda aparecería de forma inmediata.[14]

Del sector privado, Warren Buffet, quien estableció elementos contra eventos para cataclismos a compañías de seguros importantes, llegó a la conclusión de que una pesadilla nuclear inminente con los Estados Unidos es certera».[15]

De la comunidad académica, el Dr. Graham Allison, director del Centro para la Ciencia y Asuntos Internacionales de la Universidad de Harvard dijo: «¿El mega terrorismo nuclear es inevitable? Los profesores de Harvard se conocen por ser ambiguos, pero trataré de ser claro. '¿Lo peor está por venir?' Mi respuesta: "¡Estoy seguro! Sí"».[16]

Cuando la CIA confiscó las grabaciones de la computadora del Dr. Sultan Bahiruddin Mahmood, presidente de la Comisión de Energía Atómica de Pakistán, en su organización falsa en Kabul, descubrieron evidencias de que al menos una bomba de Al-Qaeda había sido enviada a los Estados Unidos desde Karachi, en un contenedor. El 11 de octubre de 2001, George Tenet, director de la CIA, se encontró con el presidente Bush para informarle que al menos dos bombas táctiles habían alcanzado los operativos Al-Qaeda en los Estados Unidos. Esta noticia fue substanciada por la agencia ISI pakistaní, la CIA, y el FBI.[17]

Además, Paul L. Williams, un antiguo consultor del FBI sobre terrorismo, indica que hay pruebas empíricas de que Al-Qaeda posee bombas. Agentes británicos, aparentando ser reclutas, se infiltraron en Al-Qaeda en los campos de entrenamiento de Afganistán en el 2000. En otra instancia, un operativo Al-Qaeda fue arrestado en Ramallah con una bomba táctil atada a su espalda.

Y oficiales militares de Estados Unidos descubrieron una lata que contenía uranio 238 en Kandahar al comienzo de Operation Enduring Freedom [Operación para la Eterna Libertad].[18] Si le dificulta creer que grupos terroristas con bombas nucleares en los Estados Unidos no puedan ser detectados, piense esto.

Williams informa que no es sólo un equipo, mas son al menos siete.[19] Están trabajando en mezquitas y centros islámicos. En los Estados Unidos, el juez federal no mandará ni al FBI ni a ningún agente legal con orden de detención, porque estos lugares figuran como «casas de adoración».[20]

Las siete áreas que han sido identificadas son Nueva York, Miami, Houston, Las Vegas, Los Ángeles, Chicago y Washington DC. Los ataques ocurrirán a la misma vez en estos siete lugares.

Tengo en mi escritorio un informe de inteligencia que sostiene que Irán está desarrollando algo llamado *pulso electromagnético* (EMP por sus siglas en inglés), diseñado para usarse en época de guerra contra Estados Unidos. En marzo de este año, el subcomité judicial del Senado sobre Tecnología en Terrorismo y Seguridad Nacional, presidido por el senador John Kyl de Arizona, sostuvo una audiencia sobre la amenaza del EMP contra Estados Unidos.

Escuchen —esto es muy importante.

Esto es lo que el EMP hace. Esta manta electromagnética no mata la gente, mata los electrones. Para ser breve, detiene toda forma de electricidad de manera instantánea y por meses, quizás años.[21] Aquí les digo cómo se podría usar en tiempos de guerra contra Estados Unidos.

Imagínese que un satélite falso atraviesa sobre Estados Unidos a la altura de 451 km. y, de repente, explota sobre las grandes planicies de los Estados Unidos con rayos gamma. De forma instantánea, en una billonésima de segundo, todo poder eléctrico se corta, por muchos meses.

No habría nada de luces, ni la refrigeradora funcionará en su hogar. Cada bocado de comida que haya en su refrigerador se pudrirá. Su auto no funcionará porque arranca con electricidad. Los camiones no funcionarán y todo lo que usted utiliza se detendrá. Toda maquinaria se detendrá. La radio y la televisión no saldrán al aire. Los aviones chocarán en el aire porque sus sistemas electrónicos no funcionarán. El sistema de misiles no arrancará. Las refinerías de Estados Unidos cerrarán. No habrá gas ni petróleo. El gas de las estaciones de servicio tampoco podrá ser usado, porque las máquinas que lo extraen del suelo funcionan con electricidad. Las computadoras no marcharán, o sea, la ciudad, el estado, y las oficinas de gobierno deberán cerrar. Habrá raciones de comida y corte de gas dentro de los días siguientes.

¿Usted dice que no puede pasar? Hay gente que lo está planeando ahora mismo. No es nada nuevo. Se ha hablado de esto durante veinte años. Sólo ahora, los estados terroristas tienen la habilidad de usar sus armas, y esto sucederá. ¡A menos que Irán y el «eje del mal» sean detenidos![22]

¿Puede Irán hacerlo? Nuestro gobierno dice que sí. Corea del Norte, un aliado de Irán, tiene también esa habilidad. Irán está gobernado por los fanáticos islámicos quiénes estarán más que contentos de usar esas armas contra Estados Unidos e Israel. Corea del Norte está gobernada por un hombre enfermo, diagnosticado con esquizofrenia y paranoia.

El *Congressional Reports* dice: «Aún los primitivos misiles Scud podrían ser usados para esta propuesta [mantas electrónicas]. Y los más altos oficiales de la inteligencia de los Estados Unidos recordaron a los miembros del Congreso que de estos misiles hay una gran cantidad en el mercado. Se venden y compran por el precio aproximado de $100 mil cada uno».[23]

¡Ahora piense en todo eso!

Esta magnífica y gran nación que está tan avanzada en su tecnología ha creado su talón de Aquiles, la electricidad. Con un misil de $100 mil lanzado de un submarino de 320 km. de la costa, y unos pocos kilogramos de plutonio enriquecido explotando sobre los Estados Unidos, toda forma de electricidad se detendría de manera instantánea y durante meses. En un segundo, estaríamos viviendo en el siglo XIX.

¿Adónde va el mundo?

¿Qué sucederá en un futuro inmediato?

Si Irán no se detiene pronto en su tarea de crear bombas, los iraníes las tendrán muy pronto, y las usarán contra Israel, si Irán se detiene, sucederá a través de la fuerza militar. Sólo Estados Unidos e Israel tienen ese poder, porque Rusia está ayudando a Irán a construir sus armas nucleares. Creo que esta acción militar llevará a Rusia a unirse a las naciones islámicas para invadir Israel. El profeta Ezequiel muestra con claridad el retrato en los capítulos 38 y 39.

Hablaremos con más detalle de la visión de Ezequiel, de lo que pasará en el Medio Oriente, en la Sección 3 de este libro.

Pero primero, debemos analizar con atención qué nos llevó al punto del conflicto nuclear y devastador de la guerra entre el pueblo judío, el pueblo escogido por Dios, y el mundo islámico. En el próximo capítulo, descubriremos que la Iglesia debe salir de la niebla espiritual y el engaño religioso, y concentrarse con intensidad en la verdad absoluta del problema del Islam.

3 QUITAR EL VELO AL ISLAM

LLEGA UN MOMENTO en la historia de las naciones, y también en la iglesia, cuándo nieblas espirituales y decepciones religiosas deben ser removidas con claridad, imparcialidad, y con una búsqueda apasionada de la verdad.

Los Estados Unidos y la Iglesia están en una niebla espiritual sobre la cuestión del Islam. Cuando las mezquitas aparecen a través de la nación, de ciudad en ciudad, la gente pregunta: «¿Que necesito saber acerca del Islam? Islam, anteriormente una religión oscura del Medio Oriente, ha crecido con tanta rapidez que es la segunda religión en el mundo. Hay más musulmanes en los Estados Unidos que miembros de las Asambleas de Dios. El pueblo de Irán es 99% musulmán, de los cuáles el 90% son Shi'a y 10% Sunni.[1]

¿Qué atractivo tiene el Islam para sus seguidores? ¿Qué rol juega en transformar las actitudes de casi mil millones de personas en todo el mundo?

El 11 de septiembre, cuando los terroristas islámicos chocaron los aviones con rehenes en las torres gemelas y el Pentágono, los estadounidenses descubrimos que estábamos en guerra, una guerra mundial contra los fanáticos terroristas islámicos quiénes creen que el objetivo de Mahoma el Profeta es matar estadounidenses y judíos, y también el objetivo de Dios, llamado Alá. En la guerra, cuando una de las partes comprende que es una guerra (terrorismo islámico), y la otra cree que sus adversarios son apóstoles de la paz, ¿qué lado tiene ventaja?

Una de las primeras preguntas que debemos responder es ésta: Los que siguen las enseñanzas de Mahoma, como se encuentran en el Corán, ¿son violentos o pacíficos?

Estados Unidos se despertó el 11 de septiembre con imágenes de terror en la televisión: aviones de pasajeros que, con planes ya estudiados, chocaban contra el World Trade Center y el Pentágono. El atónito descreimiento dio paso a la pena —pena por miles de niños que irían a dormir esa noche sin un padre o una madre.

Pena por los heroicos bomberos y policías quienes entraron en las torres en llamas para salvar vidas y, quedaron por la eternidad en los brazos de Dios.

Mientras sentíamos pena, ¡los palestinos bailaban de felicidad en la franja occidental!

¿Quién haría tal cosa? ¿Por qué lo harían? Eran todos islámicos que practicaban las enseñanzas del Corán. El Islam no sólo *perdona* la violencia; la *dirige*. ¡Un árbol se conoce por sus frutos! El fruto del Islam es 140 años de violencia y sangre alrededor del mundo.

¿Qué están enseñando los musulmanes a la gente en cuanto a los que se resisten al Islam? El Corán enseña:

> Cuando hayan transcurrido los meses sagrados, matad a los asociadores dondequiera que les encontréis. ¡Capturadles! ¡Sitiadles! ¡Tendedles emboscadas por todas partes!... (Surah 9:5).

> Retribución de quienes hacen la guerra a Alá y a Su Enviado y se dan a corromper en la tierra: serán muertos sin piedad, o crucificados, o amputados de manos y pies opuestos, o desterrados del país. Sufrirán ignominia en la vida de acá y terrible castigo en la otra (Surah 5:33).

En Estados Unidos, cortarle a alguien las manos o los pies porque no acepta su religión es impensable, pero la Biblia islámica lo ordena. El iraní Ayatollah Khomeini declaró: «El más puro gozo en el Islam es matar y ser matado por Alá».[2] ¿Es eso fanatismo o sólo tener fe en la Biblia islámica?

Mahoma, el fundador del Islam, mató miles de personas estableciendo y esparciendo el Islam. Él dijo a sus seguidores: «Al que abandone su fe, mátenlo. Alá me ordenó pelear con la gente hasta que ellos testifiquen que el único Dios es Alá, y Mahoma es su mensajero».

Una de las preguntas más importantes que se hacen hoy en Washington y alrededor del mundo, es ésta: ¿Por qué los judíos y los árabes no pueden reunirse en su disputa sobre la ciudad de Jerusalén? En este capítulo les mostraré alguna de las respuestas. La razón más importante de que judíos y árabes no pueden estar juntos no es la *tierra*... no es el *dinero* o la *historia*. La razón por el continuo conflicto sobre la ciudad de Jerusalén es la *teología*.

Muchos árabes son fundamentalistas islámicos, y creen que Mahoma es el verdadero profeta de Alá. Su Corán es la absoluta verdad —sobrepasa a la

Biblia. Mahoma sobrepasa a Cristo. Un infiel (cristiano o judío) tiene una opción y sólo una, de acuerdo a la fe islámica: convertirse o ser asesinado.

La vida de Mahoma se divide en dos partes: los años tolerantes en la Meca y los años agresivos en Medina. El Corán refleja esas dos partes, y así es como al mismo tiempo se señala una enseñanza en el Corán que parece indicar que el Islam enseña a sus seguidores a vivir en paz con sus enemigos. Cuando Mahoma comenzó a predicar las revelaciones de Alá a la gente, creyó que una religión pacífica era una buena estrategia para atraer gente, sobre todo a los judíos, para explicarles el Islam.[3]

Cuando Mahoma vio que sus intentos por ganar sobre los judíos no eran exitosos, «lanzó una nueva estrategia, una estrategia basada en el poder. Y aquí se declaró la *jihad* (guerra santa) y salió a convertir a los incrédulos del Islam por el poder de la espada».[4] Los musulmanes hoy aprenden a interpretar el Corán a través de un principio de revelación progresiva conocido como *nasikh*. Cualquier contradicción en el Corán se resuelve usando la última revelación. Si alguien niega la continua revelación de Alá a Mahoma, está negando el islamismo.[5]

Hemos llegado a un momento preciso en que la verdad podría llevar al engaño si el mundo reconociese que los terroristas islámicos no son *fanáticos*, pero sí *seguidores devotos de Mahoma*, quienes siguen su ejemplo haciendo lo que la Biblia islámica les enseñó a hacer.

Uno de estos seguidores de Mahoma, el líder indonesio jihad, Abud Bakar Bashir, le dijo a Scott Atran del *First Post*: «El Islam no puede ser gobernado por otros. Las leyes de Alá deben permanecer por encima de las leyes humanas. No hay [ejemplo] de Islam e infieles, lo bueno y lo malo, viviendo juntos en paz».[6] Cuando pregunté qué podría hacer el mundo occidental por ayudar a la paz del mundo, Bashir me contestó: «Deben detener las peleas con el Islam. Eso es imposible, porque es *sunnatullah* [destino, una ley de la naturaleza], como Alá lo dijo en el Corán. Si quieren paz, deben aceptar ser gobernados por el Islam.[7]

Aún así, poco después de los eventos del 11 de septiembre, Oprah Winfrey emitió un programa que llamó «Islam 101», profesando que era un curso intensivo de la fe islámica para su vasta audiencia estadounidense. Rod Dreherm, columnista del *New York Post*, dijo sobre esto: «Fue algo desequilibrado y muy deshonesto. De hecho, dada la cantidad de cristianos y personas no musulmanes que son perseguidos de manera horrible hoy en día por musulmanes en el nombre el Islam, se convirtió en una propaganda ofensiva».[8]

Dreher continuó diciendo:

> Oprah llamó al Islam "la religión menos comprensible de las
> tres religiones más importantes". Sin embargo, hizo lo mejor
> que pudo para agregar confusión a la verdad ya bastante
> complicada de la fe musulmana. Si tuviésemos que tomar el
> programa de Oprah como guía del Islam, pensaríamos que
> los musulmanes son sólo episcopales con velos y turbantes.[9]

En su libro de 1998 *The Clash of Civilizations and the Remaking of the
World Order* [El estruendo de las civilizaciones y la reorganización del
orden mundial], Samuel P. Huntington de la Universidad de Harvard
advirtió a los estadounidenses acerca de no dejarse engañar con respecto a
la verdadera naturaleza de la amenaza islámica. «Algunos occidentales,
incluyendo al presidente Bill Clinton, han dicho que el oeste no tiene problemas con el Islam, sino con algunos terroristas islámicos. Ciento cuarenta años de historia demuestran lo contrario».[10]

Podemos sentarnos a tejer mantas de la diversidad y tener pensamientos felices, o podemos, con caridad, comprometernos a entender la realidad
histórica y el presente del compromiso absoluto del Islam con la violencia,
el asesinato, y el terror hacia aquellos que niegan su fe.

Algunos años atrás, Steven Emerson produjo para PBS un excelente
vídeo titulado «Jihad (Guerra Santa) en Estados Unidos». Sus cámaras
entraron en las células islámicas asociadas con mezquitas en Estados Unidos, donde jóvenes musulmanes se estaban reclutando para la guerra santa
contra Estados Unidos. Líderes musulmanes daban discursos de cómo
lograr que Estados Unidos doblara sus rodillas frente al terrorismo, e hicieron declaraciones sangrientas tales como ésta de Fayiz Azzam en Brooklyn
en 1989: «La sangre debe fluir. Debe haber viudas, huérfanos... manos y
miembros deben ser cortados y debe derramarse sangre por todos lados
para que la religión de Alá pueda mantenerse de pie».[11]

¿Es esto la paz? ¿Promueve acaso la hermandad?

Mucha gente cree aún que porque las tres religiones más importantes
del mundo —judaísmo, cristianismo, e Islam— vienen de las mismas raíces,
no hay ninguna razón para que las tres religiones no puedan convivir en
paz. Pero el Islam sigue una teología de *triunfalismo*: «el dominio de una
nación, la ideología, una religión sobre otra».

El Islam enseña que Mahoma es superior a los patriarcas y a Cristo.

Para un musulmán, la voluntad de Alá es que el Islam domine al mundo. La palabra Islam no significa paz sino sumisión. Su objetivo es que todo el mundo se someta a ellos.

Esa es la razón por la cual la torre de oración islámica es el punto más alto en cada ciudad. Debe tener una posición de supremacía física. Es la razón del callejón sin salida entre los palestinos y los judíos sobre la ciudad de Jerusalén.

Sentada en la garganta de las naciones islámicas está Israel, con un convenio de sangre incondicional del trono de Dios que ha dado a los descendientes de Abraham, Isaac, y Jacob la tierra de Israel para siempre. Dios no les prestó la tierra de Israel a los judíos; Él se las dio.

Y eso molesta al Islam. Los islámicos creen que el propio Mahoma enseñó la verdad absoluta: Ese es Dios (Alá) quien gobernará toda la tierra. Además, si el Islam no derrota a Israel, Mahoma y el Corán estarían equivocados. O, pueden hacer un tratado de paz, pero si lo hacen, será uno que sólo será bueno por siete años, y servirá para la propuesta de redesarrollar sus armas para la destrucción de Israel. Si Israel subsiste, entonces la teología del Islam no es verdad.

La diferencia real entre las dos religiones, sin embargo, yace en sus bases para creer. El judaísmo se basa en el único evento histórico de una revelación experimentada por la nación entera, mientras que el Islam se basa en las profecías de un único individuo, quien convenció a los otros de seguir sus pasos.[12]

Sayyid Qutb, el líder teórico del fundamentalismo islámico del siglo XX, creía que «la humanidad se detiene al borde de un abismo, no por la amenaza de aniquilación que existe —esto ya es un síntoma de enfermedad— sino porque la humanidad ha perdido sus valores, aquellos valores que hacen avanzar al hombre en su progreso y desarrollo».[13]

En tanto que esto es un síntoma de sociedad moderna con lo cual todos los cristianos estarían de acuerdo, ellos no estarían de acuerdo con la solución que propone Sayyid Qutb. Él cree sólo en los valores que Alá provee, y cree que los musulmanes pueden y deberían imponer esos valores en todo el mundo.

Toda sociedad «no dedicada a servir sólo a Alá y que no le sirve sólo a él en sus creencias y visión del mundo, sus rituales y sus leyes...» es, según Qutb, ilegítima.

También toda sociedad que no sigue la ley islámica como él la define, según Qutb, (y escribió en ocho volúmenes una exégesis del Corán) es perversa en su moral.[14]

En contraste al Islam, las creencias judías y sus tradiciones están asociadas con el pueblo judío de manera específica. El judaísmo se opone con rigidez a forzar la conversión de otras naciones a su religión. El Antiguo Testamento, o Torah, marca la tierra de Israel donde el pueblo judío vivió. Israel no busca un espacio tras la tierra de Israel. Israel ha retirado sus armas de territorios capturados después de cada guerra (por ejemplo, abandonó toda la península del Sinaí).

El uso de la religión islámica para alentar a bombarderos suicidas con la promesa de una vida celestial con vírgenes, ilustra la gran brecha que hay entre el Islam y el judaísmo. La Biblia hebrea prohíbe matar en los Diez Mandamientos y rechaza y deplora por completo el suicidio. Pero el judaísmo también sostiene: «Si uno viene y quiere matarte, mátale primero». Esta frase es una guía moral relevante para tratar con los terroristas de hoy en día.[15]

Las enseñanzas del Corán insisten en que no importa cuán poderosa es una nación, hay que pelear hasta que se rinda al Islam (ver Surah 9:5 anteriormente) La sociedad estadounidense secular no entiende al Islam radical, el cual tiene en su mente destruir a Estados Unidos. El creciente número de extremistas que toman al Corán como una declaración de guerra contra Estados Unidos e Israel se ha vuelto un presente y claro peligro.

Los fundamentalistas islámicos creen que el Corán les enseña a no ser amigos de judíos y cristianos. Surah 5:51 declara:

> «¡Creyentes! ¡No toméis como amigos a los judíos y a los cristianos! Son amigos unos de otros. Quien de vosotros trabe amistad con ellos, se hace uno de ellos. Alá no guía al pueblo impío».

Hemos alcanzado un callejón sin salida teológico entre estas tres religiones. Para un musulmán, Mahoma es la absoluta verdad. Es impensable que esté equivocado, y porque Israel no adhiere a enseñar sobre Mahoma y no se convierte al Islam, Israel debe ser destruido. ¡Mahoma es el único que hizo la guerra contra Israel *santa*! Si Israel sobrevive entonces el Islam está mal, es una farsa, y es una postura impensable.

Hoy en día, la jihad, o guerra santa, es la más importante fuente de terrorismo, que inspira al mundo una campaña de violencia, por ellos llamada grupos *jihadist*, incluyendo a Osama bin Laden y su red Al-Qaeda.

Al-Qaeda ha publicado un libro, *The 39 Principles of Jihad* [Los 39 principios de la Jihad], a través de su sitio web que enseña cómo planear y llevar a cabo una guerra islámica y santa de jihad. En un estudio privado expuesto por el investigador israelí, coronel Jonathan D. Halevi, el libro contiene explícitas instrucciones de «cómo» para todo, desde «actuación electrónica jihad» hasta «cómo expresar hostilidad y odio hacia los infieles».[16]

Otra agencia terrorista es la Jihad Islámica, una de las más complejas y peligrosas de las organizaciones terroristas árabes. Estos grupos actúan en general sobre su propia iniciativa sin coordinación, a veces en el mismo país. Todos estos grupos comparten una ideología islámica fundamentalista que propone guerras santas (jihad) contra los infieles y que están bajo la poderosa influencia ideológica y religiosa de la revolución islámica en Irán. El régimen iraní y los grupos jihad islámicos colaboran juntos al mismo tiempo. Algunos grupos no sólo reciben ayuda y guía desde Irán, sino también disfrutan de un generoso apoyo de otros países árabes e islámicos, como suelen ser Libia, Siria, Sudán, Afganistán, Pakistán, Arabia Saudita, y los estados petroleros del Golfo Pérsico. También ellos cooperan con organizaciones palestinas.

El jihad islámico aspira a derrocar los regímenes seculares árabes para establecer un imperio. El jihad islámico es único entre los movimientos islámicos, sin embargo, y se observa en esto la guerra contra judíos e israelíes (la cabeza del Occidente y el imperialismo en la región) como un comienzo, paso esencial hacia el objetivo islámico.

De acuerdo al jihad islámico, el único camino para resolver el conflicto con los judíos en Palestina es por confrontación directa y violenta. En 1990, uno de los líderes de la organización, Sheik Tamimi (autor de un folleto de 1982 llamado *The Obliteration of Israel: A Koranic Imperative* [La obliteración de Israel: Un coránico imperativo], expresó este principio en las siguientes frases: «Los judíos tienen que volver a los países de dónde vienen. No permitiremos a ningún judío en nuestra tierra, aún si sólo queda este pueblo».[17]

Fue la revolución islámica en Irán que desencadenó el crecimiento de los grupos jihad islámicos en los países árabes. A finales de los setenta, luego de establecer su estatus en Irán con firmeza, los fundamentalistas iraníes revolucionarios empezaron a «exportar» la revolución islámica a áreas con gran población de shiitas y a otros países árabes. El Consejo de Revolución Islámica fue establecido en Irán con esta propuesta en mente, y fue instruido para coordinar actividades de organizaciones pro iraníes en varios países. El consejero despachó hacia países árabes a activistas que, con la ayuda de apoyo local y sermones dados en las mezquitas, trabajaron para reclutar gente joven en el jishad islámico. Algunos de los nuevos reclusos viajaron a Irán para adquirir una educación terrorista militar, y entonces volvieron para establecer células adicionales en sus propios países.[18]

ISLAM Y ESTADOS UNIDOS

Volvamos a nuestra investigación hacia los estadounidenses islámicos. El historiador Daniel Pipes, escritor de la revista *Commentary* de noviembre del 2001, grabó la sorprendente evidencia, con respecto a la lealtad a Estados Unidos de los islámicos.

En junio de 1991, un convertido al Islam, Siraj Wahaj, destinatario de altos honores de la comunidad musulmana, había tenido el privilegio de convertirse en el primer musulmán en predicar la oración diaria en la Cámara de Diputados de Estados Unidos. En esa ocasión, leyó del Corán y apeló al todopoderoso para que guiara a los líderes estadounidenses hacia la justicia y la sabiduría.[19]

Pero la historia de Siraj Wahaj no finalizó allí. Un año más tarde, este mismo musulmán, dirigiéndose a una audiencia de musulmanes de Nueva Jersey, articuló un mensaje diferente de su apacible y moderna oración dada anteriormente ante los diputados de Estados Unidos. Dijo: «Si los musulmanes fuesen más inteligentes en política, podrían tomar posesión de los Estados Unidos y reemplazar su gobierno constitucional por un califa (cuerpo líder del Islam)». Concluyó sus observaciones con estas palabras: «Si fuésemos unidos y fuertes, elegiríamos a nuestro propio líder y le rendiríamos lealtad a él... Les doy mi palabra, si seis u ocho millones de musulmanes en Estados Unidos se unen, el país caerá ante nosotros».[20]

Esto no es *lealtad*, ¡es *sedición*! Llamar a que derroquen a los gobernantes de los EE.UU. es resistencia o insurrección contra la autoridad.

En 1995, Siraj Wahaj sirvió como testigo para Omar Abdel Arman en el juicio de terroristas islámicos que lo encontró culpable de conspiración de querer derrocar al gobierno de los Estados Unidos. Más alarmante aún, el Juez Supremo de los EE.UU. en Nueva York encontró a Wahaj como una de «las personas no acusadas que podrían ser conspiradoras del atentado a las torres gemelas en Nueva York en 1993».

Éste es el punto. Este líder islámico, seleccionado por los diputados de Estados Unidos como el modelo ganador de la fe islámica en Estados Unidos, está en una grabación llamando a derrocar al gobierno de los Estados Unidos. Piense en esto cuando oiga a un político o a un presentador de televisión con su cháchara acerca de la lealtad islámica a Estados Unidos.

EL ISLAM EN OPOSICIÓN A LA VERDAD DE CRISTO

El Islam y el cristianismo no son «hermanos de fe». Si examinamos los textos de la Biblia y del Corán, identificaremos con rapidez algunas de las diferencias que se enseñan en el islamismo acerca de Cristo y las verdades de nuestra propia Biblia acerca del Hijo de Dios.

1. El Islam instruye a sus seguidores para que maten a sus enemigos, pero el cristianismo instruye a amar a sus enemigos.

El Corán dice: «Matad a los asociadores dondequiera que les encontréis» (Surah 9:5) Pero nuestra Santa Biblia dice a los seguidores de Cristo: «Amad a vuestros enemigos, bendecid a los que os maldicen, haced bien a los que os aborrecen, orad por los que os ultrajan y os persiguen» (Mateo 5:44).

2. El Islam niega la verdad del cristianismo, la muerte y resurrección de Jesús.

De esto, ellos dicen alardeando: «'Hemos dado muerte al Ungido, Jesús, hijo de María, el enviado de Alá', siendo así que no le mataron ni le crucificaron, sino que les pareció así. Los que discrepan acerca de él, dudan. No tienen conocimiento de él, no siguen más que conjeturas. Pero, ciertamente no le mataron» (Surah 4:157).

El Islam dice que Jesús no murió en la cruz. La Biblia dice que Cristo murió en la cruz y resucitó de la muerte.

El Islam también niega la deidad de Jesucristo.

Los judíos dicen: «Uzayr es el hijo de Alá». Y los cristianos dicen: «El Ungido es el hijo de Alá». Eso es lo que dicen de palabra. Remedan lo que ya antes habían dicho los infieles. ¡Que Alá les maldiga! ¡Cómo pueden ser tan desviados! (Surah 9:30).

El Corán no solo niega la deidad de Cristo, sino que también, como vemos en el versículo del Corán más arriba, también pone una maldición sobre aquél que confiese que Jesucristo es el Hijo de Dios. El Islam pone a Jesús por debajo de Mahoma, haciéndole parecer solo un mensajero.

El Ungido, hijo de María, no es sino un enviado, antes del cual han pasado otros enviados, y su madre, veraz. Ambos tomaban alimentos. ¡Mira cómo les explicamos los signos! ¡Y mira cómo son desviados! (Surah 5:75).

Como hay tantas diferencias marcadas en estas áreas entre el Islam y el cristianismo, debemos estar preparados para probar la «verdad» de cada uno. La historia nos ha revelado que la Biblia islámica, el Corán, es una colección de revelaciones que Mahoma dijo que le fueron dadas por un ángel, o por una voz proveniente del cielo, o a veces por un mensaje aparecido en sueños.[21] Los cristianos deben «probar a los espíritus» para ver si ellos vienen de Dios.

«Amados, no creáis a todo espíritu, sino probad los espíritus si son de Dios; porque muchos falsos profetas han salido por el mundo. En esto conoced el Espíritu de Dios: Todo espíritu que confiesa que Jesucristo ha venido en carne, es de Dios; y todo espíritu que no confiesa que Jesucristo ha venido en carne, no es de Dios; y este es el espíritu del anticristo, el cual vosotros habéis oído que viene, y que ahora ya está en el mundo» (1 Juan 4:1-3).

Todo aquél que se llama a sí mismo profeta debe ser probado por la Escritura. (Ver 1 Corintios 14:29.)

Cada revelación y cada profecía deben ser juzgadas por la Palabra de Dios. Si no tiene base en la Escritura, si niega a Jesucristo como el Hijo de Dios, es el espíritu del anticristo. Para aplicar estas pruebas a las enseñanzas de Mahoma, descubriremos que este profeta no pasa la prueba. Desde el Génesis hasta el Apocalipsis, cada página de la Biblia testifica la deidad de Jesucristo. «Y conoceréis la verdad, y la verdad os hará libres» (Juan 8:32).

¿QUIÉN ES ALÁ?

El nombre Alá viene de una palabra árabe que tenía que ver con el dios de la luna en la Arabia preislámica. No encontraremos a «Alá» en el Antiguo Testamento hebreo o en el Nuevo Testamento griego.

Alá no es el mismo que el Dios de Abraham, Isaac, y Jacob. De acuerdo con la Biblia ¡a Dios lo podemos conocer! Jesucristo dice en la Palabra que podremos conocer a Dios (ver Juan 17:3). La Palabra de Dios nos dice que el hombre tiene una relación personal con Dios Padre.

Él dice: «Clama a mí, y yo te responderé, y te enseñaré cosas grandes y ocultas que tú no conoces» (Jeremías 33:3). ¡Dios quiere amarte... hoy... tal como eres!

«Porque de tal manera amó Dios al mundo que dio...» (Juan 3:16). «Dios es amor, y quien habita en el amor habita en Dios, y Dios en él» (1 Juan 4:16).

Pero en el Islam, Alá es desconocido. Está tan exaltado, que ningún hombre puede conocer a Alá en persona. El Alá del Corán es tan distante, tan lejano, tan abstracto, que nadie puede conocerlo. Y los creyentes musulmanes nunca conocerán el amor de Alá hasta el día del juicio cuando descubran si Alá les ama y les invite al paraíso. En su libro *Jesus and Muhammad* [Jesús y Mahoma], Mark Gabriel, un ex devoto musulmán dice: «Si se le pregunta a un musulmán cuánto le ama Alá, él responderá: «No lo sé. Sólo Alá lo sabe».[22]

Él da este ejemplo de su propia vida:

> «Cuando yo vivía como un musulmán en Egipto, siempre me intrigaba saber qué era eso que los cristianos solían poner en sus autos o en los umbrales de sus negocios. La frase era *Allah Mahahe*, o Dios es amor. Esas palabras nunca se ponen juntas en el Corán. Yo siempre pensaba: ¿Qué querrá decir esta gente?».[23]

El Dios del Islam es diferente al Dios que nosotros conocemos. El Corán nos dice que el dios del Islam trabaja con Satán y con demonios para confundir a la gente con el objeto de hacer popular el infierno que creó (Surah 6:39, 126; 32:13; 43:36-37).[24]

Cuando uno lee el Corán, descubre que Alá le dijo a Mahoma que matara y mutilara a todo aquel que no creyera en él o en su profeta Mahoma. Jesucristo jamás dijo a sus discípulos que mataran a nadie. Cuando Pedro atacó al soldado romano que vino a arrestar a Cristo y tomarlo para crucificarlo, Jesús sanó al soldado, un soldado que más tarde lo clavó en la cruz. ¡Eso es amor!

La relación de amor entre Jesús y Dios Padre se reflejaba en la relación de Jesús con sus seguidores. Jesús dijo a sus discípulos que Dios les amaba: «Pues el Padre mismo os ama, porque vosotros me habéis amado, y habéis creído que yo salí de Dios» (Juan 16:27).

Mark Gabriel describe las diferencias entre nuestro Dios y el dios del Islam con estas palabras: «Para Jesús, Dios es un Padre amoroso; para Mahoma, Alá es un maestro demandante. Esta descripción establece la postura frente al amor para todas las otras relaciones... Alá encuentra nuevos fieles entre el que le sirve mejor. En contraste, Dios el Padre busca a su oveja perdida hasta que la encuentra y la trae a su hogar regocijándose. Ésta es la diferencia entre Alá y Dios».[25]

EL ISLA E ISRAEL

La actitud del Islam hacia los judíos se encuentra en el Surah 9:5: «Matad a los asociadores [judíos y cristianos] dondequiera que les encontréis. ¡Capturadles! ¡Sitiadles! ¡Tendedles emboscadas por todas partes!». En el Surah 5:33 leemos: «Retribución de quienes hacen la guerra a Alá y a Su Enviado y se dan a corromper en la tierra: serán muertos sin piedad, o crucificados, o amputados de manos y pies opuestos, o desterrados del país».

Mahoma enseñó una doctrina de triunfalismo, que significa que la voluntad de dios (Alá) es para la ley del Islam gobernar el mundo. El primer paso para satisfacer los sueños de Mahoma es la destrucción de Israel. Ningún tratado de paz detendrá ciento cuarenta años de odio islámico hacia los judíos. Israel no puede hacer las paces hasta no tener un compañero que quiere la paz.

La política de Dios hacia el pueblo judío se encuentra en el Génesis 12:3:

«Bendeciré a aquellos que te bendigan,
Y maldeciré a quienes te maldigan;
Y en ti todas las familias de la tierra serán bendecidas».

Hoy, las creencias religiosas del Islam y las de Israel están en total oposición la una con la otra. Y la línea de frente de esta guerra religiosa puede identificarse en el conflicto entre Palestina e Israel. ¿Cuál es la raíz, la piedra angular de la oposición?

Es la tierra de Israel.

Para el Islam, la tierra de Israel es «una Waqf [posesión santa] consagrada para las generaciones musulmanas futuras hasta el día del juicio. Nadie puede renunciar a ninguna parte, o abandonar una parte de esta tierra».[26]

En el 2000, la Asamblea Islámica de Norteamérica publicó un folleto titulado *No para la Normalización*, escrito por un musulmán escolar. Él daba un retrato similar de la visión musulmana de los derechos hacia la tierra:

> «Los judíos vinieron y atacaron esta tierra y la robaron, y esto no cambiará el hecho de que esta tierra es musulmana, y será así para siempre. Si no estamos preparados para liberar esta tierra de los judíos hoy, no significa que debamos abandonarla. Tenemos que trabajar hasta que venga el tiempo, y entonces la traeremos de vuelta al mundo islámico».[27]

Esta es una guerra religiosa que el Islam no puede, y no debe ganar. Fue Dios, Él mismo quien dio la tierra de Israel a Abraham, Isaac, y Jacob y a todos sus descendientes para siempre. Israel pertenece a Dios y a su gente escogida, los judíos. Y Dios sostiene el futuro de Israel en sus manos, y será un futuro glorioso.

Sección 2

¿CÓMO LLEGAMOS A ESTE PUNTO?

QUIERO LLEVARLO A UN viaje a través de las páginas de la historia del mundo y de las Sagradas Escrituras para que viva su experiencia de manera personal, en el antiguo Israel, antes de que pueda descubrir el futuro magnífico que Dios ha planeado para Israel y el pueblo judío.

Antes de que pueda saber y comprender el futuro de Israel, debe saber y entender su pasado. Antes de que pueda compartir el gozo de Israel con la llegada del Mesías, debe entender, la pena y el sufrimiento del pueblo judío de los últimos dos mil años.

En la Sección 2, quiero explicarle lo que Jerusalén significa para Dios. La Biblia dice: «Yo [Dios] he elegido a Jerusalén... Mi nombre estará allí para siempre, y mis ojos y mi corazón estarán allí perpetuamente... en Jerusalén, la cual he elegido... pondré mi nombre para siempre» (Cr. 6:6, 7:16; 33:7).

Caminaremos a través de escenas de viejas batallas viendo cómo por siglos la Ciudad Santa ha sido invadida por las armas y cómo han tomado cautivo a su pueblo. Observaremos como un rabí judío, Jesús de Nazaret, es ejecutado.

Veremos como las fuentes del antisemitismo comienzan a surgir, mezclando con sangre al pueblo judío, a través de las Cruzadas de la Edad Media y la devastación del holocausto de Hitler.

Entonces, viviremos la experiencia del mejor milagro profético del siglo XX, el renacimiento del Estado de Israel, el 14 de mayo de 1948, a las 4:32 p.m. Isaías 66:8 (NIV) lo dice de esta manera: «¿Puede un país nacer en un día?». Jerusalén estaba reunida bajo el liderazgo judío por primera vez después de dos mil años con la victoria de Israel de la Guerra de los Seis Días de 1967. La Biblia dice: «Y Jerusalén será hollada por los gentiles, hasta que los tiempos de los gentiles se cumplan» (Lucas 21:24). Si escucha con atención, puede oír los pasos del Mesías caminando hacia Israel.

4 JERUSALÉN, LA CIUDAD DE DIOS

NO HAY UNA CIUDAD en la tierra como Jerusalén. Jerusalén, la palabra nos conmueve y nos trae profundas emociones, memorias del pasado, y esperanzas para el futuro.

El templo. El canto de los peregrinos. Los palacios y las torres. Guerras y conquistas. Anhelos religiosos de judíos, musulmanes, y cristianos. Judíos orando en el Muro de Occidente por la paz en la ciudad santa. Jerusalén es donde el cielo y la tierra se encuentran.

Hay ciudades famosas por su expansión, su capacidad industrial y manufactura, sus equipos deportivos, o por sus exclusivas ubicaciones. Pero Jerusalén no es como ninguna otra ciudad sobre la faz de la tierra.

Desde sus tempranos orígenes, la historia de Jerusalén es historia de guerra y paz, de grandeza y miseria, de esplendor y pobreza, de sabiduría de Salomón y de sangre fluyendo en gotas como lluvia en primavera.

El hilo de oro que recorre la histórica trama sagrada empapada en sangre es una asociación indiscutible del pueblo judío con la ciudad sagrada. Jerusalén es sagrada para los cristianos, musulmanes, y judíos, pero Dios ha dado a Jerusalén sólo a los judíos.

El amor de los judíos por Jerusalén ha sido interrumpido a través de los siglos por una serie de conquistas sangrientas, incluyendo a egipcios, asirios, babilónicos, persas, romanos, árabes musulmanes, cruzados, seléucidas, mamelucos, el imperio otomano, y el imperio británico. Aún hoy, las raíces antisemitas todavía están grabadas en los corazones de todo el mundo, incluyendo nuestra propia nación. Observaremos la pecaminosa raíz del antisemitismo más adelante y veremos la necesidad de arrepentimiento, nacional, corporariva e individual. El antisemitismo es pecado ¡y el pecado daña el alma!

Hay evidencias de que muchos cristianos alrededor del mundo están comenzando a confesar el rol que la iglesia ha tenido en promover este odio por los judíos. En un artículo en la revista *Charisma* en agosto de 1996, David Aikman declaró: «Después de siglos de intolerancia, salpicada con asesinato y una cruda realidad social, un numeroso número de cristianos en los recientes últimos años han confesado el histórico rol de la iglesia en el antisemitismo. Y se han arrepentido de ello».[1]

A pesar de los efectos antisemitas expresados contra ellos, a través de tres mil años desde que David hizo de Jerusalén la capital de la ciudad, el apego espiritual del pueblo judío por Jerusalén sigue siendo irrevocable. Es un convenio entre Dios y Abraham, que ninguna cantidad de sufrimientos o sacrificios puede romper.

Durante la diáspora, en cualquier lugar de la tierra donde los judíos se encontraran, oraban por la vuelta a *Sion*, el sinónimo bíblico de Jerusalén.

Sus sinagogas, no importan donde estén construidas, están de frente hacia Jerusalén. Cuando un judío construye una casa, una parte de la pared se deja sin terminar, simbolizando el hecho de que está haciendo un duelo temporal, hasta que el propietario pueda volver a Jerusalén.

Sin la ciudad de Jerusalén, el Estado de Israel no existiría.

Jerusalén es el corazón y el alma del sionismo. Jerusalén es ahora y será en el futuro el centro del universo. No habrá paz en el mundo hasta que no haya paz en Jerusalén. Jerusalén no es como otra ciudad en la faz de la tierra, porque Jerusalén es nada menos que la Ciudad de Dios.

DIOS HA ELEGIDO A JERUSALÉN

«Mas a Jerusalén he elegido para que en ella esté mi nombre... porque ahora he elegido y santificado esta casa, para que esté en ella mi nombre para siempre; y mis ojos y mi corazón estarán ahí para siempre... En esta casa y en Jerusalén, la cual yo elegí sobre todas las tribus de Israel, pondré mi nombre para siempre»

2 Crónicas 6:6; 7:16; 33:7

Dios mismo eligió Jerusalén para establecer su lugar de residencia en la tierra para siempre. Jerusalén es la ciudad donde la presencia de Dios habita sobre la tierra. He viajado alrededor del mundo varias veces y visitado las ciudades célebres del mundo, pero he encontrado que en Jerusalén hay un poder especial y poderoso. Es la presencia literal donde vive el Dios de Abraham, Isaac, y Jacob. Esa divina presencia se le apareció a Moisés en una zarza ardiente, llamándolo para liberar al pueblo judío de la esclavitud en Egipto.

Esa presencia causó que el Monte Sinaí brillara con la gloria de Dios cuando le dictó a Moisés los Diez Mandamientos. Esa fue la presencia divina ante los ojos de Moisés mientras descendía el monte. Esa presencia poderosa puede sentirse en el Muro Occidental en Jerusalén, donde legiones de creyentes golpean las puertas del cielo día y noche por la paz de Jerusalén.

Esa presencia fue establecida por Dios a través del rey David, como podemos leer en 1 Reyes 11:36 «Y a su hijo daré una tribu, para que mi siervo David tenga lámpara todos los días delante de mí en Jerusalén, ciudad que yo me elegí para poner en ella mi nombre».

La realidad de la presencia es validada por el rey David, quien dice lo siguiente:

> Grande es Jehová, y digno de ser en gran manera alabado;
>   en la ciudad de nuestro Dios, en su monte santo.
> Hermosa provincia, el gozo de toda la tierra,
> Es el monte de Sion, a los lados del norte,
> La ciudad del gran Rey
> Como lo oímos, así lo hemos visto
> En la ciudad de Jehová de los ejércitos,
>   en la ciudad de nuestro Dios;
> La afirmará Dios para siempre.
> Andad alrededor de Sion, y rodeadla;
> Contad sus torres.
> Porque este Dios es Dios nuestro eternamente y para siempre;
> Él nos guiará aún más allá de la muerte.
>
> SALMO 48:1-2, 8, 12-14

> Porque Jehová ha elegido a Sion;
> La quiso por habitación para sí.
>
> SALMO 132:13

Jerusalén es el corazón de Israel. Hay voces ahora llamando por la ciudad sagrada para ser compartida como parte del Mapa de Ruta en el Medio Oriente.

Hagamos saber a todo hombre, que viva cerca o lejos, que la ciudad de Jerusalén no está disponible para negociar con nadie, en ningún momento y por ninguna razón en el futuro. Así ha sido y será siempre la eterna e indivisible capital del Estado de Israel.

Después del retorno de Israel del cautiverio de Babilonia, cuando gente de otras naciones buscó ayudar a la restauración de Jerusalén, Nehemías, el gobernador judío, les dijo: «El Dios del cielo nos prosperará, además, nosotros, sus sirvientes nos levantaremos y construiremos; Pero ustedes no tienen heredad, derecho, o memoria en Jerusalén (Nehemías 2:20). Es importante ver esta nota, las naciones del mundo no tienen heredad en Jerusalén.

«SI ME OLVIDO DE TI, OH JERUSALÉN»

David, poeta y profeta, reconoció la gran importancia que Dios había dado a su ciudad, Jerusalén. Para David, Jerusalén fue la pasión de su vida, su alma. Él gritó: «Si me olvidare de ti, oh Jerusalén, pierda mi diestra su destreza. Mi lengua se pegue a mi paladar, si de ti no me acordare; Si no enalteciere a Jerusalén como preferente asunto de mi alegría» (Salmo 137:5-6).

¿Qué nos está diciendo el rey David en estos versículos? Recuerden que David era un maestro de la música que tocaba con tanta destreza que los espíritus demoníacos que poseía el rey Saúl se calmaban por esos acordes melodiosos que salían del corazón de David. David era un salmista, un compositor, quien disfrutaba cantando las canciones de Sion.

En este versículo, David decía: «Si yo olvido a Jerusalén, no me permitan tocar el arpa nunca más, y que mi mano derecha pierda su destreza. Si me olvido de Jerusalén, no me dejen nunca cantar otra canción y que mi lengua se pegue a mi paladar».

El mensaje es muy claro. Si uno le quita a un maestro de la música la habilidad de tocar un instrumento... si uno le quita la habilidad de cantar a un vocalista... la vida no tiene sentido. ¡La propuesta de vida se terminó! La pasión por la vida se va.

David decía: «Si me olvido de Jerusalén, la vida ha perdido su significado, su propuesta, y su pasión. Israel sin Jerusalén sería un cuerpo humano sin corazón».

JERUSALÉN, LA CIUDAD DE LA PAZ

En Génesis 14:18, la Biblia dice que «el rey Melquisedec de *Salem*» hirió a Abraham. Salem significa «paz», y era un nombre muy reciente para la ciudad de Jerusalén. *Jeru-salem* significa «la ciudad de la paz».

En la historia, Jerusalén ha sido muchas cosas, pero nunca fue una ciudad pacífica. Cuando leamos más adelante la historia del pueblo de Jerusalén, veremos que los ciudadanos de Jerusalén han sido cautivos de Nabucodonosor y los babilonios. Sus templos fueron profanados y sus ciudadanos asesinados por los romanos. Aún hoy, Jerusalén salió del Mapa de Ruta por la Paz, una estrategia para traer paz a Medio Oriente desarrollada por los Estados Unidos, que se presentó a Israel y a las autoridades palestinas en abril del 2003.[2] Esta estrategia puede probar ser un mapa de ruta en cualquier parte.

La paz no vendrá a Jerusalén hasta que venga el Mesías. Él aparecerá en la edad de oro de la paz. En ese tiempo, todos lo hombres «volverán sus espadas en arado» y no estudiarán ya la guerra (Isaías 2:4).

El león paseará con el cordero, y ríos de vida fluirán del Templo del Monte hacia el Mar Muerto. De cada lado del río de vida, crecerá un árbol de vida que dará doce diferentes tipos de fruto, una clase para cada mes. Las hojas de esos árboles producirán cicatrices para las naciones (ver Apocalipsis 22:1-2).

Jerusalén es la ciudad donde Salomón construyó el segundo templo, hoy considerado como una de las Siete Maravillas del Mundo. Jerusalén es la ciudad donde Jeremías e Isaías pronunciaron los principios morales y espirituales que cortaron todo estándar de justicia para las naciones del mundo. Jerusalén es la ciudad, donde Jesucristo, un rabí judío, fue crucificado por los romanos como un político considerado demasiado peligroso para vivir.

¿Por que se consideraba a Jesús tan peligroso para vivir por los romanos? La respuesta es bastante simple. Cualquier hombre que pudo dar de comer a cinco mil personas con una cantidad de comida que entra en la mochila de un niño, pudo dar de comer a un ejército.

Cualquiera que pudiera curar a las heridas y resucitar a los muertos, podría ser jefe de una legión de fanáticos y levantarse contra el imperio romano, los cuales creían que su gente no podría estar por siempre herida o muerta.

Jerusalén es la ciudad donde Jesús se sentó a un costado del Monte de los Olivos y sollozó sobre esa ciudad, diciendo: «¡Jerusalén, Jerusalén, que matas a los profetas, y apedreas a los que te son enviados! ¡Cuántas veces quise juntar a tus hijos, como la gallina junta sus polluelos debajo de las alas, y no quisiste! He aquí vuestra casa os es dejada desierta. Porque os digo que desde ahora no me veréis, hasta que digáis: Bendito el que viene en el nombre del Señor» (Mateo 23:37-39).

Cuando Cristo cargaba con su cruz a través de las calles de adoquines de Jerusalén, vio a una mujer llorando por Él mientras era llevado como cordero al matadero. Jesús se detuvo, observó los rostros sollozantes de las hijas de Jerusalén, y dijo:

> «Hijas de Jerusalén, no lloréis por mí, sino llorad por vosotras mismas y por vuestros hijos. Porque he aquí vendrán días en que dirán: Bienaventuradas las estériles, y los vientres que no concibieron, y los pechos que no criaron».
>
> LUCAS 23:28-29, ÉNFASIS AGREGADO POR EL AUTOR

Jesús miraba hacia el futuro cuando dijo: «Los días se acercan» Y vinieron. Treinta y siete años después de que Jesús dijese esas palabras, los romanos, bajo el imperio de Tito, tomaron a Jerusalén. El hambre era tan fuerte que diez mil habitantes de Jerusalén murieron. En un fanático esfuerzo para salvarse de la muerte, algunas personas se volcaron al canibalismo.[3]

Moisés había profetizado esto en Deuteronomio 28:49-57 (NIV), diciendo:

> «Jehová traerá contra ti una nación de lejos, del extremo de la tierra, que vuele como águila, nación cuya lengua no entiendas; gente fiera de rostro, que no tendrá respeto al anciano, ni perdonará al niño; y comerá el fruto de tu bestia y el fruto de tu tierra, hasta que perezcas; y no te dejará grano, ni mosto, ni aceite, ni la cría de tus vacas, ni los rebaños de tus ovejas, hasta destruirte. Pondrá sitio a todas tus ciudades, hasta que caigan tus muros altos y fortificados en que tú confías, en toda tu tierra; sitiará, pues, todas tus ciudades y toda la tierra que Jehová tu Dios te hubiere dado. Y comerás el fruto de tu vientre, la carne de tus hijos y de tus

hijas que Jehová tu Dios te dio, en el sitio y en el apuro con que te angustiará tu enemigo.

El hombre tierno en medio de ti, y el muy delicado, mirará con malos ojos a su hermano, y a la mujer de su seno, y al resto de sus hijos que le quedaren; para no dar a alguno de ellos de la carne de sus hijos, que él comiere, por no haberle quedado nada, en el asedio y en el apuro con que tu enemigo te oprimirá en todas tus ciudades. La tierna y la delicada entre vosotros, que nunca la planta de su pie intentaría sentar sobre la tierra, de pura delicadeza y ternura, mirará con malos ojos al marido de su seno, a su hijo, a su hija, al recién nacido que sale de entre sus pies, y a sus hijos que diere a luz; pues los comerá ocultamente, por la carencia de todo, en el asedio y en el apuro con que tu enemigo te oprimirá en tus ciudades. Si no cuidares de poner por obra todas las palabras».

Cuando Roma sitió a Jerusalén, Josefo relata un terrible incidente que confirma la certeza de la profecía de Moisés:

«María, la hija de Eleazar... una mujer judía de familia rica... estaba tan desesperada por el hambre que mató a su hijo pequeño, horneó su carne, y comió la mitad. Atraídos por el olor de carne cocida, un grupo de luchadores judíos entraron con la intención de tomar la carne para ellos. Pero cuando la mujer, desafiante, expuso la mitad del cuerpo comida de su hijo y los invitó a servirse ellos mismos, sus dedos pesados se retrajeron y dejaron a la mujer que terminara su comida antinatural ella sola.[4]

Los días de persecución y problemas para la gente elegida por Dios, continuaron a través de los siglos, como veremos en el próximo capítulo. Pero Dios había prometido a su gente que Él los sacaría del desastre y la persecución alrededor del mundo y que los establecería otra vez en Israel restaurando la ciudad de Jerusalén.

Esta restauración ha comenzado. El 14 de mayo de 1948, el Estado de Israel fue proclamado por David Ben-Gurion. Más allá de toda duda, fue el día del cumplimiento profético más grande del siglo XX. Sucedió justo cuando Jehová Dios lo había declarado a través de sus profetas.

Tomemos un minuto para revisar algunas de estas declaraciones proféticas:

> «No temas, porque yo te redimí; te puse nombre, mío eres tú... No temas, porque yo estoy contigo; del oriente traeré tu generación, y del occidente te recogeré. Diré al norte: Da acá; y al sur: No detengas; trae de lejos mis hijos, y mis hijas de los confines de la tierra».
>
> ISAÍAS 43:1, 5-6

> «Yo os recogeré de los pueblos, y os congregaré de las tierras en las cuales estáis esparcidos, y os daré la tierra de Israel. Y les daré un corazón, y un espíritu nuevo pondré dentro de ellos».
>
> EZEQUIEL 11:17,19

> «Aún te edificaré, y serás edificada... He aquí yo los hago volver de la tierra del norte, y los reuniré de los fines de la tierra, y entre ellos ciegos y cojos, la mujer que está encinta y la que dio a luz juntamente; en gran compañía volverán acá».
>
> JEREMÍAS 31:4, 8

Como anticipo a este gran día, el rey David escribió:

> «Cuando Jehová hiciere volver la cautividad de Sion,
>   seremos como los que sueñan.
> Entonces nuestra boca se llenará de risa,
> Y nuestra lengua de alabanza;
> Entonces dirán entre las naciones
>   grandes cosas ha hecho Jehová con éstos».
>
> SALMO 126:1-2

Con absoluta autoridad en la Escritura, se podría decir que si a Israel no se le hubiese devuelto su tierra... si la poderosa mano de Dios no hubiese rescatado a Jacob, habría una razón para dudar de la validez de la Biblia.

El reunir al pueblo judío y el renacer de Israel no es una aberración histórica; la restauración de Jerusalén es un preludio al retorno al Señor. La Biblia dice: «Cuando el Señor construirá Sion [Jerusalén], aparecerá en su gloria» (Salmo 102:16. Las Escrituras dejan establecido bien claro el hecho de que cuando el Señor vuelva, será en Jerusalén, la cual estará controlada por el pueblo judío.

Déjenme darles este breve resumen. En el eterno consejo del poder de Dios, Él ha determinado de hacer de Jerusalén la rama decisiva por la cuál Él lidiará con las naciones de la tierra. Esas naciones que se alían ellas mismas con las propuestas de Dios para Jerusalén recibirán su bendición. Pero aquellos que siguen una política de oposición a las propuestas de Dios recibirán el juicio rápido y severo de Dios sin limitaciones.

5 LA GUERRA CONTRA LOS JUDÍOS

ODAS LAS CALLES de la historia judía vuelven hacia Génesis 17, donde Dios estableció un eterno convenio con el padre del pueblo escogido de Dios, Abraham. Cuando era un hombre de noventa y nueve años, Abraham fue visitado por Dios y se le dio el honor de establecer un trato con Él mismo, y como resultado, en sus descendientes –el pueblo escogido de Dios– heredando la tierra de Canaán. Dios hizo más que cambiar el nombre de Abram por Abraham en esa visita. Cambió el curso de la historia. El Señor dijo a Abraham:

> He aquí mi pacto es contigo, y serás padre de muchedumbre de gentes. Estableceré mi pacto entre tú y yo, y tu descendencia después de ti en sus generaciones, por pacto perpetuo, para ser tu Dios, y el de tu descendencia después de ti. Y te daré a ti, y a tu descendencia después de ti, la tierra en que moras, toda la tierra de Canaán en heredad perpetua; y seré el Dios de ellos.
>
> GÉNESIS 17:4, 7-8

Pero el convenio de Dios con Abraham y su pueblo escogido acarreó responsabilidades como bendiciones para los judíos. El punto es que está muy claro en la Biblia que la *respuesta de Israel* para bendecir el regalo de la Tierra Prometida determinó *la respuesta de Dios* hacia ellos. En el momento de la dedicación del templo de Salomón, cuando la presencia de Dios descendió y tomó residencia en ese lugar santo, Dios previno a su gente con estas palabras:

> «Mas si vosotros os volviereis, y dejareis mis estatutos y mandamientos que he puesto delante de vosotros, y fuereis y

> sirviereis a dioses ajenos, y los adorareis, yo os[judíos] arran-
> caré de mi tierra que os he dado; y esta casa que he santifica-
> do a mi nombre, yo la arrojaré de mi presencia, y la pondré
> por burla y escarnio de todos los pueblos».
>
> 2 CRÓNICAS 7:19-20

Fue la desobediencia y rebelión de los judíos, el pueblo escogido de Dios, para su conveniente responsabilidad de servir a un solo y verdadero Dios, Jehová, que dio origen a la oposición y persecución que ellos experimentaron en Canaán y continúan experimentando en la actualidad. De ninguna manera, esta disminución o excusa de maltrato y atrocidades de pecados hace que los judíos hayan perdurado en las manos de sus enemigos, pero nos da el marco para entender qué sucedió.

Las palabras de Dios en los versículos anteriores eran de prevención. Estos versículos que siguen no son una advertencia, son una ejecución del juicio de Dios mismo por la desobediencia de su pueblo.

> «Dijo Jehová: Porque dejaron mi ley, la cual di delante de
> ellos, y no obedecieron a mi voz, ni caminaron conforme a
> ella; antes se fueron tras la imaginación de su corazón, y en
> pos de los baales... Según les enseñaron sus padres Y los
> esparciré entre naciones que ni ellos ni sus padres conocie-
> ron; y enviaré espada en pos de ellos, hasta que los acabe».
>
> JEREMÍAS 9:13-16

En el capítulo 44 de Jeremías, Dios era aún más específico acerca de sus actos de desobediencia:

> «Así ha dicho Jehová de los ejércitos, Dios de Israel: Voso-
> tros habéis visto todo el mal que traje sobre Jerusalén y sobre
> todas las ciudades de Judá; y he aquí que ellas están el día de
> hoy asoladas; no hay quien more Y envié a vosotros todos
> mis siervos los profetas, desde temprano y sin cesar, para
> deciros: No hagáis esta cosa abominable que yo aborrezco,
> ... Entonces todos los que sabían que sus mujeres habían
> ofrecido incienso a dioses ajenos, y todas las mujeres que
> estaban presentes, una gran concurrencia, y todo el pueblo

que habitaba en tierra de Egipto, en Patros, respondieron a Jeremías, diciendo: La palabra que nos has hablado en nombre de Jehová, no la oiremos de ti; sino que ciertamente pondremos por obra toda palabra que ha salido de nuestra boca, para ofrecer incienso a la reina del cielo, derramándole libaciones, como hemos hecho nosotros y nuestros padres, nuestros reyes y nuestros príncipes, en las ciudades de Judá y en las plazas de Jerusalén, y tuvimos abundancia de pan, y estuvimos alegres, y no vimos mal alguno».

JEREMÍAS 44: 2-4, 15-17

Cuán repulsivo, ofensivo, y doloroso es para Dios que su pueblo escogido dé crédito a los ídolos por las bendiciones que Él había dado a ellos. Su propia rebelión había hecho nacer la semilla del antisemitismo que crecería y les traería destrucción en los siglos venideros.

Vamos a mirar con brevedad algunas de las persecuciones a las cuales se han enfrentado los judíos. Algo de esto sucedió mientras la Palabra de Dios se escribía, la palabra *antisemitismo* no había sido todavía pronunciada por nadie. Ha plagado a los judíos a través de los años. A pesar de que proviene del juicio de Dios hasta la rebelión de su pueblo escogido, es pecado y daña el alma. Dónde predomina, debe ser erradicado, y el arrepentimiento debe fluir donde hay condenación.

Caminen conmigo a través de los siglos, y aprendan de los errores del pasado. Aquellos que no pueden recordar los errores del pasado están condenados a repetirlos en el futuro. La historia revela triunfos y derrotas de la humanidad, dándonos un compás para el futuro.

Jerusalén ha sido un sitio estratégico en el Medio Este durante tres mil años. La ciudad sagrada ha sido objeto de numerosos ataques y sitios. Inclinados en las laderas de Judea, tan sencillas para defender, con menos de treinta millas desde el Mar Mediterráneo, Jerusalén controlaba las autopistas más importantes que conectaban Egipto, Europa, y África. Además, cualquiera que controlara a Jerusalén tenía la habilidad de controlar el Medio Este, en el ámbito económico y militar. Para agregar a su importancia militar, la importancia espiritual de Jerusalén hacia los judíos, cristianos, y musulmanes la ha hecho el objetivo de guerras por tomar posesión de la ciudad más que cualquier ciudad en el mundo. Esas guerras no han terminado. La guerra más grande que se haya visto muy pronto volverá a Israel y Jerusalén. El hecho es que sucederá, en la cual naciones pelearán;

quién ganará la batalla y cuántos morirán lo escribiré más tarde en este libro. Pero por ahora, consideremos como los judíos han sido perseguidos a través de los años. (Les aconsejo de leer el Apéndice, el cual contiene una línea de tiempo que lo ayudará a entender la historia de Israel.)

JERUSALÉN Y EL REY DAVID

Luego de que el rey Saúl muriese en la vergüenza y la desgracia por consultar a la bruja de Endor para que le diera guía espiritual, su dinastía continuó un poco tiempo más a través del reinado de su hijo Isboset, sobre el norte de Israel. Las tribus del sur, los hombres poderosos de Judá, recurrieron a David, quien había mudado sus cuarteles a Hebrón. En los siguientes años, los israelíes lucharon unos con otros como pelean los más hostiles enemigos. Los israelitas se sintieron abatidos de luchar unos con otros, y luego de la muerte violenta de Isboset, se volvieron hacia David para lidiar con él. (Ver 2 Samuel 5:3-8.)

Hasta este punto de la historia, Jerusalén era un sitio jebusita. David atacó, abatió a los jebusitas e inició la edad de oro de Israel. Jerusalén se ocupaba de las tribus del norte y el sur de Israel juntas, y fue la base del control económico y militar del Medio Oeste.

David trajo entonces el arca de la alianza a Jerusalén, a su lugar permanente. El arca contenía los Diez Mandamientos y estaba embebida de la presencia de Dios Jehová. Había estado con los israelitas, a través de cuarenta años de deambular por el desierto. Los había llevado de victoria a batalla una y otra vez. Pero había sido capturada por los filisteos en una generación anterior. La Sagrada Escritura dice:

> «Metieron, pues, el arca de Jehová, y la pusieron en su lugar en medio de una tienda que David le había levantado; y sacrificó David holocaustos y ofrendas de paz delante de Jehová».
>
> 2 SAMUEL 6:17

Esta arca fue y es el símbolo de Israel más sagrado, porque representaba la manifiesta presencia de Dios. Cuando el arca llegó a Jerusalén, la ciudad no era solamente la capital de la economía, del ejército y de la política del país, Jerusalén era ahora la ciudad de Dios.

JERUSALÉN Y LOS ASIRIOS

Pero alrededor de dos mil años después de la llegada del arca a Jerusalén y de establecerse Jerusalén como la ciudad de Dios, los asirios, bajo el mando del rey Senaquerib, conquistaron el norte del reino de Israel en el 722 aC. El impacto de esta conquista se sintió con dramatismo en Jerusalén por el rey Ezequías. Cuando Senaquerib y los asirios trazaron su camino al sur hacia Jerusalén, el rey Ezequías supo que la batalla sería ganada o perdida por quienes controlaran el suministro de agua (ver Crónicas 32:1-4).

Ezequías sabía que él tenía que asegurar la fuente de agua para Jerusalén y al mismo tiempo negársela al enemigo. Ningún ejército podía perdurar mucho tiempo en el desierto y el calor del verano sin agua. Él resolvió este problema cavando un túnel a través de cincuenta y dos metros de roca sólida debajo la ciudad, desde Gihon, fuera de las paredes de la ciudad, hasta Siloé, dentro de la ciudad; y así, el agua pudo fluir con libertad por debajo de Jerusalén.

He estado en el túnel de Ezequías dos veces. Mi primera aventura en el túnel fue una de los más excitantes momentos de mis veintitantos viajes a Israel. Con mi esposa, Diana, y con cincuenta amigos valientes, seguimos a nuestro guía Mishi Neubach como un rebaño de ovejas dentro de la amplia boca del túnel.

Sin embargo, poco después de haber entrado al túnel en Jerusalén, éste se volvió angosto y oscuro. El agua fría fluyendo del manantial de Gihón a Jerusalén llegaba hasta la cintura, mis hombros tocaban los costados del túnel, y mi complexión de un metro cincuenta y dos casi tocaba el techo. Había una presión muy fuerte, y algunas personas que luchaban contra su claustrofobia pidieron volver, y lo hicieron de inmediato.

El resto de nosotros empujaba hacia donde el agua crecía hasta el pecho. «¿El manantial sube e inunda el túnel?» pregunté a nuestro guía Mishi Neubach, uno de los mejores guías de Israel. Él me aseguró que no. Empujamos a través de la oscuridad hasta que al fin vimos la hermosa luz del día del otro lado. No hay una razón racional de por qué repetí esta aventura por segunda vez dos años más tarde con otro grupo. Si están buscando emoción cuando visiten la Tierra Santa, hagan este paseo. Si se sienten flaquear, quédense en el hotel y cómanse otro pastelillo.

Para los que alardean de sus sofisticados intelectos y niegan que la Biblia es verdad, ¿cuál es la explicación posible de la existencia real del túnel de Ezequías? Lea en la Escritura (2 Reyes 20:20; 2 Crónicas 32:30), que el túnel fue descubierto por arqueólogos en 1880. «*La Inscripción Siloé*», que conmemora la abertura en el túnel por los trabajadores, dice:

> «El túnel está terminado... Mientras los trabajadores blandí-
> an el hacha, cada hombre hacia su compañero... Se oía la voz
> de un hombre llamando a su compañero... los cavadores cor-
> taban cada uno a la vez, hacha contra hacha, y el agua fluía
> del manantial, a una distancia de 1,200 codos».[1]

El túnel de Ezequías es una roca que grita a todo aquel que oye, diciendo: «la Palabra de Dios es la verdad absoluta».

Una vez que Ezequías se ocupó de la crisis del agua, comenzó a reconstruir las murallas rotas de Jerusalén, alzando torres y haciendo armas de
guerra para que los hombres de Jerusalén las usaran en la batalla que se
aproximaba contra Senaquerib.

También hizo preparaciones espirituales para la guerra que se aproximaba, introduciendo reformas espirituales, y reparando y purificando
el templo. También rompió los ídolos hechos por la administración previa y la adoración ilegal pagana. Él animó a los ciudadanos de Jerusalén,
diciendo:

> «Esforzaos y animaos; no temáis, ni tengáis miedo del rey de
> Asiria, ni de toda la multitud que con él viene; porque más
> hay con nosotros que con él... Con él está el brazo de carne,
> mas con nosotros está Jehová nuestro Dios para ayudarnos y
> pelear nuestras batallas»
>
> 2 CRÓNICAS 32:7-8

EL ATAQUE ASIRIO

Senaquerib y sus legiones atacaron la ciudad de Dios en el 701 a.C. Conocidos como los asesinos a sangre fría que echaban bebés al aire y los atrapa-
ban con sus espadas, violaban mujeres y aterrorizaban a sus oponentes,
rodearon la ciudad con un mar de tropas y carpas tan rápido como el ojo
humano podía ver. Ezequías intentó comprar la paz enviando una carta al
rey, diciendo: «Lo que me pida, yo le pagaré» (2 Reyes 18:14).

Senaquerib pidió plata y oro, y Ezequías le dio toda la plata que había
en la casa y todo lo que había en la casa del Señor.

También arrancó el oro de las puertas del templo para comprar a los terroristas asirios. Pero Senaquerib seguía pidiendo más, y le pidió a Ezequías dos mil hombres a caballo, así sus hombres tendrían algún deporte para distraerse mientras ellos mataban judíos. Este fue el ultimátum más ridículo.

Pero tarde en la noche, hubo una invasión del espacio exterior. El ángel del Señor caminó a través del campo de los asirios incrédulos, y mató a 185,000 de ellos mientras dormían.

JERUSALÉN Y LOS BABILONIOS

Cien años después de que Dios derrotara a los asirios, el rey Nabucodonosor y los babilonios capturaron Jerusalén en el 597 a.C. (ver 2 Reyes 24:8-13). Llevó siete mil judíos a Babilonia: navegantes, estudiantes e intelectuales para elevar el estándar de vida en Babilonia. Daniel, Mesac, Sadrac y Abednego estaban entre ellos en el primer ataque a Jerusalén, cuando Nabucodonosor tomó los tesoros del palacio real y el templo.

No contento con su primera victoria sobre Jerusalén, en el 586 a.C., Nabucodonosor volvió a Jerusalén, causando la destrucción completa de la ciudad y otra cantidad de exiliados para Babilonia. Jerusalén era el retrato de la desolación. Sus murallas estaban destruidas, su hermoso templo arrasado, las casas quemadas, y la mayoría de los ciudadanos estaban en el exilio en Babilonia.

Los sollozos de los corazones rotos de los judíos se oyen de manera profunda en el libro de Lamentaciones (ver 2:5-9). En los corazones de los exiliados, Jerusalén seguía vivo. En la angustia de su cautiverio, tomaron sus pensamientos, y todas sus esperanzas se concentraron en recordar a Jerusalén. En el Salmo 137, el lápiz poético del rey David captura el ánimo de los exiliados que estuvieron cautivos por setenta años:

> «Junto a los ríos de Babilonia,
> Allí nos sentábamos, y aun llorábamos,
> Acordándonos de Sion.
> Sobre los sauces en medio de ella
> Colgamos nuestras arpas.
> Y los que nos habían llevado cautivos nos pedían
>   que cantásemos,
> Y los que nos habían desolado nos pedían alegría, diciendo:
> Cantadnos algunos de los cánticos de Sion.

¿Cómo cantaremos cántico de Jehová
En tierra de extraños?
Si me olvidare de ti, oh Jerusalén,
Pierda mi diestra su destreza.

Mi lengua se pegue a mi paladar,
Si de ti no me acordare;
Si no enalteciere a Jerusalén
Como preferente asunto de mi alegría.

Oh Jehová, recuerda contra los hijos de Edom el día
  de Jerusalén,
Cuando decían: Arrasadla, arrasadla
Hasta los cimientos.
Hija de Babilonia la desolada,

Bienaventurado el que te diere el pago
De lo que tú nos hiciste.
Dichoso el que tomare y estrellare tus niños
Contra la peña»

6 EL SURGIMIENTO DEL ANTISEMITISMO

DESDE EL RESURGIMIENTO de Israel en la escena mundial cuando se convirtió en estado en 1948, posteriormente retomando el control de Jerusalén en 1967, ha habido un cambio creciente en el corazón de los creyentes cristianos hacia los judíos, sea cual fuere su rama, evangélica, o carismática. En el artículo de la revista *Charisma* en 1996, David Aikman afirmó:

> «Muchos cristianos han comenzado a experimentar un amor por los judíos que nada tiene que ver con el Fin de los Tiempos, sino que es casi certero sea la obra del Espíritu Santo. Es de esta manera importante para todos los cristianos… respetando los sentimientos de los judíos a la luz de la parte más oscuro de la historia cristiana.»[1]

En este capítulo vamos a dar una mirada al «lado más oscuro de la historia cristiana». Aunque el pueblo judío fue perseguido y maltratado antes de que Jesucristo viviera y muriera en la tierra, el mal del antisemitismo no había atrapado al mundo en sus garras. Ese mal tuvo origen mientras Jesús estaba dando su vida en una rústica cruz sobre el solitario monte del Calvario.

Vamos a explorar en este capítulo el mal del antisemitismo, porque es críticamente importante que aprendamos a liberarnos de su poder de una vez y para siempre, no sólo por los judíos, sino por nosotros mismos. A menos que nos retractemos de esta actitud devastadora y pecaminosa, no podemos esperar que fluya la bendición de Dios en nuestras vidas.

Cuando Dios le ordenó a Abraham salir de su país hacia una tierra que Dios le daría, Dios no sólo se lo prometió a él…tampoco sólo a los judíos, el pueblo escogido por Dios… sino que fue una promesa que abarcaría a cada nación sobre la tierra para siempre. Dios dijo:

«Y haré de ti una nación grande,
y te bendeciré, y engrandeceré tu nombre
y serás bendición.
Bendeciré a los que te bendijeren,
y a los que te maldijeren maldeciré;
y serán benditas en ti todas las familias de la tierra.»

Génesis 12:2-3

La Palabra no podía ser más clara: si quiere la bendición de Dios en su vida, debe *bendecir* a Israel, no *maldecir* con odio, persecución y asesinatos.

Es Jesús mismo el que nos enseñó a amar, no odiar. En Mateo 19:19, Él nos instruye: «...amarás a tu prójimo como a ti mismo». Mientras Él se preparaba para dar su vida como sacrificio por nuestros pecados, dijo: «Este es mi *mandamiento*: Que os améis unos a otros, como yo os he amado. Nadie tiene mayor amor que este, que uno ponga su vida por sus amigos. Vosotros sois mis amigos, si hacéis lo que yo os mando» (Juan 15:12, 14, énfasis del autor). Fue más directo aún en Mateo 5:44-45, cuando ordenó:

«Pero yo os digo: Amad a vuestros enemigos, bendecid a los
que os maldicen, haced bien a los que os aborrecen, y orad
por los que os ultrajan y os persiguen;
Para que seáis hijos de vuestro Padre que está en los cielos.»

El odio simplemente no es una opción para la gente que quiere servir a Dios y que tienen la bendición de Él en sus vidas. La crucifixión del Hijo de Dios fue aún lo que ha dado lugar al odio y persecución de la propia gente de Dios.

Por siglos, los judíos habían sido derrotados, asesinados, robados y violados mientras los fanáticos gritaban: «¡Ustedes son los asesinos de Cristo!». Esta etiqueta viciosa ha estado atada a los cuellos de los judíos desde poco después de la muerte de Cristo, ocasionando que Europa y el Medio Oriente se enfurecieran con la sangre judía.

Demos una mirada a lo que ha ocasionado tal odio venenoso expresado hacia los seguidores de Jesús. Tal vez la pregunta que ha causado que tal odio violento se desatara es esta: ¿Quién mató a Jesús?

RELATOS DE TESTIGOS DE LA CRUCIFIXIÓN

El Evangelio de Mateo nos da dos hechos importantes acerca de la muerte de Cristo:

* Había un complot de crucifixión.

* Dicho complot era llevado adelante por el sacerdote más prestigioso, Caifás, un designado político de Roma por Herodes el Grande, quien había conquistado Roma antes del nacimiento de Jesús (ver Mateo 26: 3).

Como pueblo los judíos no tenían nada que ver con la conspiración contra Jesucristo. El sumo sacerdote Caifás fue designado por Herodes para hacer la voluntad de Roma. Era un sacerdote ilegítimo, quien no fue seleccionado por los judíos para ejercer la voluntad de ellos.

Dentro de este marco político, vino un rabino (maestro) judío llamado Jesús de Nazaret. Los judíos estaban buscando un líder para levantar una revuelta que rompiera las cadenas opresivas de Roma. La popularidad de Jesús se desparramó como un rayo. Cualquiera que pudiera curar y resucitar personas podía curar soldados heridos y resucitar tropas muertas para luchar contra los paganos romanos.

Jesús era una amenaza política muy seria para Herodes y su Caifás. De manera que ingresaron en una conspiración política para matar a Jesús de Nazaret al estilo romano... ¡la crucifixión!

El sumo sacerdote y su círculo de conspiradores religiosos no tenían el mandato de los judíos, hasta le «temían a la gente». Ellos seguramente no representaban al millón de judíos que estaban viviendo en Israel en ese momento, mucho menos a los judíos que vivían en Egipto o que estaban diseminados por el Imperio Romano. Estos granujas religiosos eran sólo un puñado minúsculo que era conducido por el sumo sacerdote para cumplir las órdenes de Roma.

En el Evangelio de Lucas, el mismo Jesús identifica a sus asesinos: «Tomando Jesús a los doce, les dijo: He aquí subimos a Jerusalén, y se cumplirán todas las cosas escritas por los profetas acerca del Hijo del Hombre. Pues será entregado a los gentiles [los romanos] y será escarnecido y afrentado, y escupido. Y después que le hayan azotado, le matarán; mas al tercer día resucitará» (Lucas 18:31-33).

El texto bíblico es perfectamente claro, Jesús fue crucificado por Roma como un insurrecto político, considerado demasiado peligroso para vivir. Era una amenaza para los intereses de Herodes sobre Palestina. Era una amenaza para el sumo sacerdote. El complot del Calvario entre el círculo íntimo de Herodes produjo la crucifixión romana de Jesús de Nazaret. Nada tenía que ver con la voluntad de los judíos como civilización.

La realidad histórica dice que tres de cuatro judíos no vivían en Israel cuando Jesús comenzó su ministerio. Nueve de diez judíos en Israel vivían fuera de Jerusalén durante su ministerio.[2]

La justicia de Dios nunca permitiría un juicio por los pecados de un puñado de personas para ser pasados a una civilización de personas. En el último suspiro de su vida en la tierra, Jesús perdonó hasta al sumo sacerdote y sus conspiradores:

«Padre, perdónalos, porque no saben lo que hacen».

Lucas 23:34

Si Dios ha perdonado… ¿por qué no pueden hacerlo los cristianos?

¿CUÁN JUDÍO ERA JESÚS?

Es esencial para todos los antisemitas separar a Jesús de sus raíces judías. ¿Por qué? Si pueden separar a Jesús de la gente judía, el odio se pone de moda, y el antisemitismo se convierte en una virtud. Un antisemita es un cristiano muerto cuyo odio ha estrangulado su fe. Como un camaleón, el antisemitismo se puede enmascarar alternativamente como *cumplir la voluntad de Dios o ideologías políticas.*

Si Jesús puede ser separado de sus raíces judías, los cristianos pueden continuar admirando a los judíos muertos del pasado (Abraham, Isaac y Jacobo), al mismo tiempo que odiar a los vecinos Goldberg de enfrente. Pero cuando se ve a los judíos como la familia de nuestro Señor, se convierten en una extensión de nuestra familia a quienes tenemos el mandato de amar incondicionalmente.

La mayoría de los cristianos cree que Jesús y sus doce discípulos eran cristianos antes de su época. ¡No es así! Jesús no era cristiano. Sus padres eran judíos. Fue consagrado a la tradición judía, educado por las palabras de Moisés y los profetas de Israel, y se convirtió en rabino judío. El murió con un símbolo sobre su cabeza que decía en tres idiomas «Este es el Rey de los judíos».

Fue Jesús de Nazaret, este rabino judío, quien con las siguientes palabras, ordenó a sus doce discípulos a tomar la luz del evangelio al mundo gentil:

> «Id por todo el mundo y predicad el evangelio a toda criatura».
>
> MARCOS 16:15

Antes de su muerte, Jesús agonizaba clamando a su Padre Dios, pidiéndole que protegiera y guiara a sus discípulos en el mundo, con el mensaje de paz y salvación. Él oraba por la unidad de todos aquellos que creyeran en Él con estas palabras:

> «Como tú me enviaste al mundo, así yo los he enviado al mundo...Y por ellos yo me santifico a mí mismo, para que también ellos sean santificados en la verdad. Mas no ruego solamente por éstos, sino también por los que han de creer en mí por la palabra de ellos, para que todos sean uno; como tú, oh Padre, en mí, y yo en ti, que también ellos sean uno en nosotros; para que el mundo crea que tú me enviaste».
>
> Juan 17:18, 20-21

Pero el mal del odio hacia el pueblo de Dios, los judíos, ha entorpecido el cumplimiento de esta oración del propio hijo de Dios.

Los gentiles y judíos del primer siglo que siguieron a Cristo se unieron. Cantaban las mismas canciones. Mantenían las mismas fiestas. Tenían el mismo rabino: Jesús de Nazaret.

Luego vino la crucifixión, Jesús de Nazaret ascendió a los cielos a la vista de los doce apóstoles, y la Iglesia de Jesucristo fue abandonada. Uno de los primeros problemas de la Iglesia fue qué hacer con los creyentes gentiles, quienes estaban adorando con los creyentes judíos. ¿Debían los gentiles circuncidarse? ¿Deberían los gentiles mantener la Ley de Moisés? ¿Cuán estrictos iban a ser los judíos con los nuevos creyentes gentiles quienes apenas habían salido del paganismo absoluto para seguir a Jesús de Nazaret?

Allí es cuando el Consejo de Jerusalén, como consta en Hechos 14, ocurrió. Santiago, el hermano de Jesús, afirmó que los seguidores de Cristo tenían que seguir algunas normas estrictas para continuar rindiendo culto con sus seguidores amigos judíos. No sería necesario para ellos ser circuncidados, pero no debían fornicar ni debían dejar de comer carne que era ofrecida a los ídolos (ver Hechos 15:24-29).

Por un tiempo, los judíos y los cristianos judíos continuaron rindiendo culto juntos en armonía. Luego vinieron los romanos bajo el mando de Tito, trayendo muerte y hambruna como nunca nadie hubiera imaginado.

EL SITIO DE JERUSALÉN

El sitio de Jerusalén por parte de Tito comenzó en abril del año 70 d.C., durante la Pascua de los hebreos. Los ejércitos romanos rodearon la ciudad de Jerusalén, atrapando a diez mil judíos detrás de las paredes de la ciudad sagrada. Los romanos cerraron todas las salidas de Jerusalén, hasta los túneles debajo de la muralla, y el sitio continuó por meses. Todas las esperanzas de escapar estaban perdidas, y como resultado hubo una hambruna horrible entre los que quedaron dentro de la cuidad. Los horrores de dicho sitio provocado por Tito fueron más allá de la imaginación de los mortales para ser comprendida. Todas las emociones humanas cedieron al hambre, como fue contado por Josefo:

> Las esposas arrebataban la comida de sus maridos, los hijos de sus padres, y, lo más penoso, las madres lo les sacaban la comida de la misma boca de sus hijos; mientras los más osados morían en sus brazos, no dudaban de privarlos de los bocados que daban vida.[3]

Luego de meses de sitio, el poder brutal del ejército romano aplastó a Jerusalén. Tito y el ejército romano incendiaron las puertas del templo y ordenaron la completa destrucción de la ciudad de Jerusalén, hasta el punto de derribar las paredes para que ni siquiera quedara una piedra sobre otra. Jesús había profetizado sobre este hecho en Mateo 24:2, cuando dijo: «¿Veis todo esto? De cierto os digo, que no quedará aquí piedra sobre piedra, que no sea derribada». Pasó literalmente cuando Tito destruyó Jerusalén.

Josefo dijo: «...el número de aquellos que fueron llevados cautivos durante esta guerra fue de noventa y siete mil, y el número de aquellos que perecieron durante todo el sitio, un millón cien mil».[4]

Eso es 1,100,000 personas muertas a manos de los romanos, causado mayormente por un hambre descomunal.

La mayoría de los noventa y siete mil prisioneros fueron llevados a Roma en donde eran arrojados a los leones como alimento para divertir a los ciudadanos romanos sedientos de sangre en el Coliseo Romano, o eran forzados a convertirse en gladiadores y luchar hasta la muerte. Algunos, que se los creía criminales, eran quemados vivos.

LOS CRISTIANOS GENTILES SEPARADOS DE LOS JUDÍOS

Antes de que Tito ordenara al ejército romano cerrar las puertas y detener a cualquier persona que escapara de la ciudad de Jerusalén, se le había hecho saber a quienes estaban del otro lado de las paredes que nadie que deseara abandonar el lugar podía hacerlo, antes bien sería lastimado al comienzo de la batalla. Los cristianos helénicos de influencia griega, quienes residían en la ciudad, no eran leales a Jerusalén. Con decenas de miles de personas muertas por la hambruna y miles más arrojadas por las paredes, causando que la ciudad se cubriese de un olor pérfido, los cristianos helénicos aceptaron la invitación de Tito de dejar Jerusalén e ir a un pueblo en Transjordania llamado Pella. Así, esta invasión terrible de Tito causó la separación de los gentiles y los judíos que eran seguidores de Jesucristo, y esa separación se ha mantenido hasta el día de hoy. Con tal separación, la semilla del antisemitismo, que comenzó siglos antes cuando los judíos comenzaron a ser perseguidos por los habitantes de la Tierra Prometida y disueltos por la controversia de quienes eran responsables de la muerte de Cristo, irrumpió en el suelo y comenzó a dar el fruto malo de la violencia.

LA FORTALEZA JUDÍA DE MASADA

Luego de la Caída de Jerusalén en el año 70 d.C., Masada era la última llama de libertad de los judíos. Masada está ubicada a veinte millas al sur de Sadom cerca del Mar Muerto y se eleva a ciento trece millas hacia arriba con una superficie plana en la cima de media milla.

Construida por Herodes el Grande en el año 40 a.C. como fortaleza, luego de la caída de Jerusalén a manos de Tito, fue ocupada por un grupo pequeño de judíos que escaparon de Jerusalén bajo el liderazgo de Eleazar. Era el sobrino de Manahem, quien anteriormente había vencido a los romanos que lo ocuparon, poniéndolo así en manos judías nuevamente. Por tres años, Eleazar y los patriotas judíos resistieron a las legiones romanas que habían rodeado la montaña, tratando en vano de perturbar la fortaleza en ese lugar.

Para el año 73 d.C., el ejército romano, encabezado por Adrián, había crecido a diez mil hombres, instalados en ocho campamentos en el valle. Los romanos comenzaron a construir una rampa de asalto hacia la cima, utilizando miles de esclavos, muchos de los cuales eran judíos. Luego de nueve meses, la rampa estaba completa, y los romanos tuvieron éxito en mover su batería contra la pared. Penetraron por la pared de piedra, pero los defensores se las arreglaron para construir una pared de tierra y ramas que eran flexibles y duras de romper. Finalmente, los romanos lograron destruirla con fuego y decidieron entrar a la fortaleza al día siguiente.

Esa noche, Eleazar reunió a todos los defensores, con una apasionada súplica diciendo que deberían suicidarse todos con sus propias manos, antes de permitir que los romanos violaran a sus esposas e hijas y colocaran a sus hijos cadenas de eterna esclavitud. En la mañana siguiente, cuando los romanos ya estaban listos para la batalla, se encontraron con un tormentoso sonido de silencio. Descubrieron que casi 960 judíos que habían resistido por tres años, se habían suicidado. Dos mujeres y cinco niños, que se había escondido en una cueva, salieron e informaron a los romanos de este osado acto de libertad. Es un momento en la historia judía que será recordado por la eternidad.

He llevado a miles de peregrinos a Masada para que comprendan por completo el pasado y presente de Israel. El acceso a Masada desde el este está por un camino que va a Jericó a lo largo de la ribera del Mar Muerto, la elevación más baja del planeta Tierra. Muchos creen que el olor sulfúrico del Mar Muerto y su posición atestigua probablemente el hecho de que este fue el lugar en donde Dios destruyó a Sodoma y Gomorra con granizo. La ciudad fue completamente demolida, y los arqueólogos nunca pudieron encontrarla hasta estos días.

Cuando el camino gira hacia Masada, ésta se eleva a cientos de pies del Desierto de Judea, y puede ser vista por millas. Puede llegar a la cima de

Masada a pie por un antiguo camino llamado «Camino Serpenteante» o tomando un teleférico. Le recomiendo que lo haga por el teleférico.

En el siglo XX, Masada se convirtió en un símbolo de valor para el estado emergente de los judíos. En 1949, al final de la Guerra de la Independencia, la bandera israelí fue levantada en la cima de Masada como un símbolo para los judíos que serían ahora libres de cualquier tiranía o terrorismo.

Aun, mientras Irán prepara armas nucleares, hay algunas dudas si esas armas pueden ser usadas en Israel primero. Pero Israel no está obligado a cometer suicidio nacional por la paz mundial. Israel tiene el derecho de todas las democracias de defenderse contra la tiranía y el terrorismo. Eso hicieron en Masada...y así lo harán el futuro.

¡Cuando vaya a Israel, no se pierda ir a Masada!

7 SIGLOS DE MALTRATO

Trescientos años después de la crucifixión de Cristo en Jerusalén y el sacrificio de los judíos a manos de los romanos bajo el liderazgo de Tito y Adrián, los cristianos helenísticos que habían huido de Jerusalén y se establecieron en Transjordania fueron influenciados por los griegos —no Roma— a echarle la culpa a los judíos por la muerte de Cristo.

¿Cómo se separaron los gentiles y judíos seguidores de Cristo? ¿Cómo comenzaron un rabino judío llamado Jesús de Nazaret y doce discípulos una organización que trescientos años más tarde adoptó la política de matar judíos? Sigue una breve explicación muy bien simplificada.

Cuando Jesús de Nazaret fue crucificado en el año 33 d.C., la Iglesia del Nuevo Testamento consistía mayormente de judíos y algunos creyentes gentiles. No eran llamados cristianos, pero se les decían los «temerosos de Dios».

La primera fuente de documentos en la Iglesia del Nuevo Testamento fue la división doctrinal como consta en Hechos 15. Los creyentes judíos querían saber si los gentiles tenían que cumplir con la circuncisión para ser salvos. Santiago, el hermano de Jesús y pastor de la iglesia de Jerusalén, impartió un poderoso mensaje declarando que los gentiles no necesitaban pasar por la circuncisión. Gracias a Dios por el pastor Santiago. Él estableció que los gentiles debían abstenerse de la inmoralidad y las carnes ofrecidas a los ídolos.

Treinta y siete años después de la crucifixión (70 d.C.), el ejército romano de ochenta mil soldados veteranos en combate bajo el liderazgo de Tito sitiaron la ciudad de Jerusalén. Nadie entra... nadie sale. De acuerdo a Josefo, aproximadamente 1.1 millones de judíos murieron en este asedio.

Muchos creyentes gentiles huyeron de la ciudad y fueron a Pella, una ciudad a sesenta millas al noroeste de Jerusalén. La separación física de los gentiles y judíos seguidores de Cristo había comenzado y nunca sería reparado. Los judíos vieron la huida de los gentiles como un acto de traición.

La permanente separación de gentiles y judíos ocurrió en un momento por un documento histórico, cuando Constantino firmó el Edicto de Tolerancia, también conocido como el Edicto de Milán, en el año 313 d.C. En él reconocía el cristianismo como la religión oficial del estado. El poder de la iglesia romana creció hasta que dominó la mayoría de los países conocidos a través de los Estados Papales.

Cuando los primeros cristianos judíos comenzaron a predicar el evangelio a los gentiles, aún estaban ligados a las raíces y fe judías. Pero para el segundo siglo de la era cristiana, la doctrina que evolucionaba del reemplazo de teología había comenzado a influenciar el pensamiento de la iglesia primitiva. El reemplazo de teología enseña que la iglesia ha reemplazado por completo al Israel nacional en el plan de Dios. Los adherentes a la teología de reemplazo creen que los judíos no son más la gente escogida por Dios, y que Él no tiene planes específicos para el futuro de la nación de Israel.[1]

En su libro *The Crucifixion of the Jews* [La crucifixión de los judíos], Franklin Littell afirmó:

> La clave del antisemitismo cristiano es el desplazamiento del mito, lo cual ya sugiere una nota genocida. Este es el mito en donde la misión de los judíos fue completada con la venida de Jesucristo, que «el viejo Israel» fue olvidado con la aparición del «nuevo Israel» Mostrar que la misión de la gente en la providencia de Dios está acabada, que fueron relegados al limbo de la historia, tiene implicaciones asesinas las cuales serán explicadas más en detalle en su tiempo por los mismos asesinos.[2]

UNA PERSPECTIVA DEL ODIO

El antisemitismo comienza con las afirmaciones de los primeros padres de la iglesia, que incluyen a Eusebio, Cirilo, Crisóstomo, Agustín, Orígenes, Justino y Jerónimo. Estos hombres publicaron notas y panfletos históricos, algunos de los cuales están incluidos en lo que se conoce como *Adversus Judaeos*.

Este caudal de veneno letal procedió de las bocas de los líderes espirituales a los congregantes casi analfabetos, sentados de manera agradable en los bancos de la iglesia, escuchando a sus pastores. Ellos etiquetan a los judíos como «los cristianos asesinos, que llevan plagas, diablos, hijos del demonio, paganos sedientos de sangre que buscan a un niño inocente durante la semana de Pascua para beber su sangre, desesperados por el dinero, y quienes son tan mentirosos como el implacable Judas».[3]

Juan Crisóstomo (345-407 d.C.), a quien le decían el «obispo con la boca de oro», fue el primero en usar los términos «asesinos de Dios». Era una calificación viciosa a la cual los judíos no podían escapar. La descripción de los judíos está registrada en sus sermones:

> Los judíos son las personas de menos valor. Ellos son pervertidos, codiciosos, rapaces. Son los asesinos traicioneros de Cristo. Adoraban al demonio, su religión es una enfermedad. Los judíos son los odiosos asesinos de Cristo, y por matar a Dios no hay explicación posible, ni indulgencia o perdón. Los cristianos nunca cesarán su venganza, y los judíos deben vivir siendo esclavos para siempre. Dios siempre odió a los judíos. Es de incumbencia para todos los cristianos (su obligación) el odiar a los judíos.[4]

LA GUERRA DE JERUSALÉN CON LOS CRUZADOS

La Iglesia Católica Romana, la que se suponía debía llevar la luz del evangelio, sumerge al mundo en la Edad Oscura. Los cruzados eran a menudo presentados como hombres sagrados en la ruta de Europa a Jerusalén y viceversa, persiguiendo una causa justa con la bendición del papa. Nada podía estar más alejado de la verdad.

Los cruzados era una muchedumbre heterogénea de ladrones, violadores y asesinos cuyos pecados habían sido perdonados por el papa antes de las cruzadas. Cualquier guerrero sagrado quien respondiera al llamado del papa de unirse a las cruzadas podía considerar todas sus deudas a cualquier acreedor judío como canceladas, lo cual redujo a muchas comunidades judías a la pobreza.[5] Para un hombre que buscaba aventura, era una manera instantánea de quedar libre de deudas.

¿Qué causó las cruzadas?

Los historiadores giran en torno a esta pregunta con un sinfín de respuestas que evitan y evaden la realidad histórica. La verdad brutal es que las cruzadas eran campañas militares de la Iglesia Católica Romana para obtener el control de Jerusalén de los musulmanes y castigar a los judíos como los presuntos asesinos de Cristo en su ruta de entrada y salida a Jerusalén.

En 1095, el papa Urbano II predicó (el anuncio de las cruzadas) en Claremont, atrayendo a los franceses para recuperar la Tierra Sagrada del cristianismo. La respuesta fue inmediata y positiva.

Los cruzados tenían demasiada conciencia, sin embargo, de la gran distancia entre Europa y Jerusalén. Por lo tanto, antes de atacar a los musulmanes... y a los judíos de Jerusalén... se movieron primero contra los judíos de Europa. «Mata a un judío y salvarás tu alma» se convirtió en el grito de batalla de las cruzadas.[6]

Cuando la primera cruzada alcanzó Jerusalén bajo Godofredo en 1099, los cruzados invadieron la ciudad a través del barrio judío. En un intento desesperado por salvar sus vidas, los hombres, las mujeres y los niños corrieron a la sinagoga y oyeron a las mujeres indefensas y a los niños inocentes gritar con horror, pidiendo piedad mientras morían quemados vivos. Los cruzados marcharon alrededor de la sinagoga cantando triunfantemente: «Cristo te adoramos» mientras 969 miembros de la familia de nuestro Señor eran cremados.[7]

Jerusalén fue capturada por los cruzados el 15 de julio de 1099, con la mayoría de la población judía, la cual sumaba entre veinte y treinta mil masacrados cada día. Los judíos que no fueron quemados vivos en la sinagoga mientras los cruzados marchaban a su alrededor, fueron vendidos como esclavos en Italia.[8]

Calumnia de sangre

Durante la Edad Oscura, los judíos buscaron sobrevivir en un mundo cristiano cada vez más hostil y amenazante. El humanista holandés Erasmo capturó el ánimo reinante en la era diciendo: «Si una parte de ser un buen cristiano es odiar a los judíos, entonces todos somos buenos cristianos».[9]

Fue durante esta etapa que los cristianos inventaron la historia ridícula sobre judíos que secuestraban niños cristianos inocentes, los sacrificaban en rituales y usaban su sangre para hacer pan sin levadura para la Pascua judía.

La primera calumnia de sangre ocurrió en Noruega, Inglaterra, en el año 1144. Un muchacho llamado William había desaparecido, y los cristianos enviaron una alarma. Un desertor judío, Teobaldo de Cambridge, se acercó a las autoridades y culpó a los judíos de haber asesinado al muchacho. (La historia registra que los judíos han sido perseguidos por otros judíos.) Teobaldo les contó a las autoridades que habían seguido una antigua costumbre de sacrificar un niño judío durante la festividad de la Pascua y que los representantes de los judíos del mundo se habían reunido en Narbonne, Francia, para decidir quién llevaría a cabo el asesinato.

De acuerdo a la historia, la reunión en Francia había reunido a varios, y el honor de llevar a cabo el asesinato ritual había señalado a los judíos de Noruega. Cuando el cuerpo del muchacho fue encontrado, sin embargo, no mostraba signos de asesinato. Por lo tanto, nadie fue castigado. No obstante, William de Noruega fue declarado mártir, y una capilla y un santuario fueron construidos en su honor en Noruega.

Ya para el siglo XIII, varios líderes de la Iglesia, como el emperador Federico II, intentaron refutar y perdonar la calumnia de sangre. En 1245, en un documento oficial, el papa Inocencio IV perdonó el hecho, el cual, según él, no tenía fundamento. Él declaró que era una burla a las enseñanzas de Cristo que sólo conducían al mal.

El papa Gregorio X prohibió la acusación en otro boletín oficial en 1274. Otros papas también lo descalificaron. Lamentablemente, sus decretos no tuvieron efecto, ya que la calumnia de sangre era una forma fácil para los antisemitas de manejar a las masas. Para el siglo XVII, las acusaciones de asesinatos rituales se habían desparramado por la Europa Oriental y Rusia, donde continuaron hasta el inicio de este siglo [XX].[10]

LA INQUISICIÓN ESPAÑOLA (1478-1808)

La inquisición española fue tal vez el capítulo más negro de la historia del catolicismo, que apuntaba a expropiar las propiedades de los judíos adinerados y convertidos en España para beneficio de la Corte Real y la Iglesia Católica Romana. Hasta los judíos muertos eran desenterrados y puestos «a juicio» de manera que sus estados pudieran ser confiscados de sus herederos.[11]

Cuando Tomás Torquemada fue nombrado por la iglesia como Inquisidor General de España en 1483, imprimió los Manuales de la Inquisición. Estos les decían a los ciudadanos de España cómo identificar a un judío o un *maranno* (cerdo), término usado para identificar aquellos que eran convertidos al judaísmo. Una vez atrapados, estas personas eran llevadas a juicio por la Iglesia Católica Romana.

El juicio era en realidad una cámara de tortura con fuego, garrotes, látigos y agujas para forzarlos durante «el juicio» a confesar sus pecados de convertirse al judaísmo, o de ser judíos «armarios». Las torturas de la inquisición duraron durante todo el siglo XVIII. Durante esa época, 323,362 personas fueron quemadas, y 17,659 fueron quemadas en efigie. Este es uno de los periodos más oscuros en la historia española.[12]

PERSECUCIÓN EN EUROPA

Por varios siglos siguientes y a través de Europa, durante las Cruzadas y la Era Oscura, muy pocos hogares judíos escaparon de ser saqueados, torturados, o asesinados. La siguiente lista destaca algunos hechos violentos antisemitas llevados a cabo en ese tiempo.

- *Londres, Inglaterra*—Cuatrocientos judíos fueron masacrados un Domingo de Ramos (1263). Seiscientos ochenta judíos fueron aprisionados en la torre, y 290 fueron colgados (1290). Ese mismo año, se ordenó una expulsión general a todos los judíos de dejar Inglaterra para el primero de noviembre. Esta fue la primera gran expulsión de judíos del Período Medieval.[13]
- *Eduardo I, Inglaterra*—Eduardo I expulsó a 16,500 judíos de Inglaterra, y durante cuatrocientos años en Inglaterra no hubo judíos, hasta que Cromwell les garantizó el permiso para regresar.
- *Francia*—Se expulsaron 100,000 judíos fuera de Francia en 1306, y la corona confiscó sus posesiones. Después de diez años, sin embargo, fueron llamados cuando el rey necesitó sus habilidades comerciales.
- *Alemania*—En el período de la Muerte Negra (1348-1350), los judíos fueron acusados de envenenar los pozos y termas de los cristianos. Eran objeto de torturas horribles, y gente inocente era forzada a confesar. Un cuarto de la población murió por la plaga y los judíos fueron culpados.
- *Estrasburgo, Alemania*—Dos mil victimas fueron quemadas en hogueras gigantescas. Comunidades enteras por toda Alemania fueron destruidas. Muchos judíos quemaban sus propias casas y perecían en las llamas en lugar de esperar morir en manos de aquellos que llevaban una cruz y profesaban servir al afectuoso Cristo.

MARTÍN LUTERO (1483-1546)

Fue el antisemitismo de Martín Lutero que fue profundamente aprecia-
do por Adolfo Hitler. «El peor y maléfico genio de Alemania», escribió
Dean Inge, «no es Hitler, o Bismarck, o Federico el Grande, sino Martín
Lutero».[14]

Cuando Martín Lutero introdujo la llamada Reforma, estaba convencido
de que los judíos estarían encantados con su nueva versión de la cristiandad, y que se les unirían en un ataque a la Iglesia Católica Romana. ¡Estaba equivocado! Inicialmente, Lutero hizo comentarios complementarios
sobre la contribución judía a la cristiandad. Cuando los judíos no le siguieron, se volvió a ellos con vulgaridad y venganza, lo cual resultó ser apelativo
a los alemanes.

Su doctrina suministró muchos textos para el programa de exterminación de Hitler. Las afirmaciones más feroces y de odio a los judíos que
Lutero haya hecho se encontraban en su titulado «Acerca de los judíos y
sus vidas». En él afirmaba:

«Déjenme darles mi consejo honesto.

Primero, sus sinagogas o iglesias deben ser quemadas. Y
lo que fuera que no arda, debe ser cubierto o esparcido con
tierra de manera que nadie pueda ser capaz de ver un resto o
una piedra. Y esto debe ser hecho para honrar a Dios y la
cristiandad y así Dios vea que somos cristianos...

Segundo, sus casas deben ser violentadas y destruidas.
Tercero, deberían ser privados de sus libros de oración y del
Talmud en el cual la idolatría, las mentiras, maldiciones y
blasfemias son enseñadas. Cuarto, a sus rabinos deben prohi-
birles, bajo pena de muerte, que no enseñen más...

Quinto, los privilegios de pasaportes y viajes deberían ser
absolutamente prohibidos para los judíos. Dejemos que se
queden en casa. Sexto, deben dejar de ser usureros. Por esa
razón, como dije antes, todo lo que ellos poseen es porque
nos lo han robado por medio de la usura, ya que no tienen
otros medios de sustento. Séptimo, démosle a los judíos
fuertes y jóvenes el desgranador, el hacha, la azada, la pala, la
rueca, y la broca, y dejemos que ganen su pan con sudor

como lo hicieron los hijos de Adán. Debemos quitar estos holgazanes de nuestro sistema.

Sin embargo, si tememos que nos puedan lastimar personalmente, o a nuestras esposas, niños, sirvientes, ganado, etc.... entonces apliquemos la misma estrategia inteligente (la expulsión) de las otras naciones, como Francia, España, Bohemia y otras... y resolvamos con ellos lo que nos hayan extorsionado, y luego que lo tengamos dividido equitativamente, echémoslos del país de una vez y para siempre.

Para resumir, queridos príncipes y notables quienes tengan judíos en su dominio, si este consejo no les agrada, encuentren uno mejor de manera que ustedes y nosotros estemos libres de esta carga judía inseparable...los judíos».[15]

Dos días después de haber escrito este folleto, ¡Martín Lutero falleció!

ANTISEMITISMO NAZI

La Biblia dice: «...todo lo que el hombre sembrare, eso también segará». (Gálatas 6:7).

La ley de la semilla y la cosecha comienza al principio del Génesis y nunca termina. Si se cultiva amor, se cosecha amor. Si se cultiva odio, se cosecha odio. Luego de cientos de años de odio entre judíos, la cosecha de odio fue una pesadilla llamada holocausto.

Adolfo Hitler amaba la teología de Lutero. Su máquina nazi mostraba «una apreciación correcta de la continuidad de su historia cuando declararon que este primer *pogrom* nazi a gran escala (persecución violenta), en noviembre del 1938, fue una operación piadosa hecha en honor al aniversario del cumpleaños de Martín Lutero».[16]

Adolfo Hitler es interpretado por los judíos del siglo XXI sólo como otro cruzado que pasó por el escenario de la historia, masacrando seis millones de judíos, diciendo que era la «voluntad de Dios».

No se requiere de un gran intelecto para deducir que si nuestros amigos judíos creían que Hitler era un buen cristiano, nuestra generación debe exponerlo a lo que en verdad era, denunciarlo y conducirnos de acuerdo a la ley de Jesucristo que decía: «Ama a tu prójimo como a ti mismo», y «Trata a los demás tal y como quieres que ellos te traten».

El antisemitismo es un pecado, y como pecado condena el alma. La mayoría de los lectores quedarían estupefactos por el claro registro de la historia al unir en conspiración a Adolfo Hitler y la Iglesia Católica Romana para exterminar a los judíos.

En su libro *Mein Kampf* [Mi Lucha] Hitler deliraba, diciendo: «Aquí hoy, creo que estoy actuando de acuerdo a la voluntad del Creador Todopoderoso: defendiéndome de los judíos, estoy luchando por la obra del Señor».[17]

Uno de los lugares de exterminación más grandes, en Kerch, fue examinado en 1942 por oficiales del ejército ruso. Este fue su informe:

> «Se descubrió que esta trinchera de un kilómetro de largo, cuatro metros de ancho, y dos metros de profundidad, estaba desbordada de cuerpos de mujeres, niños, ancianos y adolescentes. Cerca de la trinchera había charcos de sangre congelada. Gorros de niños, juguetes, cintas, botones arrancados, guantes, biberones y chupetes, zapatos pequeños, zuecos, junto con manos y pies desmembrados, y otras parte de cuerpos humanos yacían cerca. Todo estaba desparramado con sangre y cerebros».[18]

¿Cómo podía esta locura suceder en manos de una de las naciones más civilizadas y cultas de la faz de la tierra? ¿Cómo podía ser justificado en las mentes de los alemanes cristianos bautizados? Fue hecho por la conocida frase: «Los judíos son los asesinos de Cristo».

El Dr. James Parks escribe: «En nuestros días... más de seis millones de asesinatos intencionales son la consecuencia de las enseñanzas acerca de los judíos de las que la iglesia cristiana es, en última instancia, responsable... la cual tiene su lugar de descanso esencial en las enseñanzas del Nuevo Testamento».[19] Uno de esos mitos sangrientos del Nuevo Testamento es que los judíos mataron a Jesús. Ninguna justificación puede ser encontrada en el Nuevo Testamento para sostener tal mito.

HITLER Y LA IGLESIA CATÓLICA

Adolfo Hitler asistía a una escuela católica cuando era niño y oía todo el enojo contra los antisemitas desde Crisóstomo hasta Martín Lutero. Cuando Hitler se convirtió en un monstruo demoníaco global, la Iglesia Católica y el papa Pío XII nunca lo criticaron, ni tan siquiera ligeramente.

El papa Pío XII, llamado por los historiadores «el papa de Hitler», se unió a Hitler en el infame Acuerdo de Colaboración, el cual volcó a la juventud alemana al nazismo, y las iglesias se convirtieron en trastiendas del grito sediento de sangre «Preat Judea».[20]

Aquellos que no recuerdan los errores del pasado, están destinados a repetirlos en el futuro. Dejemos que todos los ministros del evangelio de Jesucristo en el siglo XXI se unan contra toda forma de antisemitismo, no sea que merezcamos las mordaces palabras del profeta Isaías: «Sus atalayas son ciegos, todos ellos ignorantes; todos ellos perros mudos, no pueden ladrar; soñolientos, echados, aman el dormir» en el día de peligro (Isaías 56:10). Un perro sordo es el que rechaza ladrar cuando el peligro se acerca, sin embargo, no tiene valor. Los púlpitos de Estados Unidos están llenos de ellos. Ellos predican, no por pasión, sino por remuneración.

La legalidad nazi fue inmensamente reforzada por el acuerdo con el Vaticano (20 de julio de 1933), un acuerdo en donde la Iglesia Católica se había negado a garantizar la anterior República Weimar. Hitler describió el Acuerdo de Colaboración como una «aceptación irrestricta del socialismo nacional por el Vaticano». En realidad lo era, ya que subordinaba todas las actividades culturales y educacionales de la iglesia a la ideología y régimen nazi. Comenzó con la colocación del retrato de Hitler en las paredes de todas las escuelas católicas, parroquias y escuelas dominicales, finalizando con campanadas de la iglesia en cada victoria nazi, incluyendo el arresto y transporte del último judío de cada pueblo y aldea en Alemania.[21]

La capitulación del catolicismo para Hitler comenzó, no con la gente, sino con el mismo Vaticano. Para Roma, era sólo una repetición del contrato que había hecho previamente con Mussolini. Los obispos alemanes siguieron al Vaticano, que era representado por el Secretario de Estado, el cardenal Pacelli y, más tarde, el papa Pío XII. Estos sacerdotes obedecían a los obispos, y los parroquianos caían en línea.

Ni una sola vez, después de firmar el acuerdo, la Iglesia Católica Romana protestó por el barbarismo o por Hitler, incluyendo el derramamiento de sangre de un millón de niños judíos. Cuando llegaron los protestantes, estaban invariablemente involucrados con infracciones contra los intereses de la iglesia. Cuando Hitler cumplió cincuenta años, el 20 de abril de 1939, los obispos protestantes y católicos de todas las diócesis en Alemania, excepto dos, impulsaron la siguiente oración en las cartas pastorales que decía: «Recuerda, oh Señor, nuestro Führer, cuyos secretos profundos tú conoces. Protégelo con tu incansable bondad. Dale a él la victoria del cielo sobre su adversario».[22]

¿Era Hitler cristiano? La Iglesia Católica Romana realmente pensaba que sí. En todos sus años de absoluta brutalidad, nunca fue denunciado o ni siquiera regañado por el papa Pío XII, o por ningún otro líder católico en el mundo. Para todos aquellos que creen que los corazones judíos serán conmovidos por la cruz, por favor infórmense—para ellos es una silla eléctrica. Es el símbolo de la muerte bajo el cual sus familias, por dos mil años, han sido brutalmente masacradas por aquellos que decían estar sirviendo a Dios.

LA IGLESIA CATÓLICA SE RECONCILIA CON LOS JUDÍOS

La mayoría del mundo recordará al papa Juan Pablo II como el segundo papa que más duró en la historia, el más que viajó y el más visto. Será recordado por presenciar la caída del comunismo, y abrazar a personas de todos los credos y colores. Será recordado cariñosamente por su postura sólida en contra del aborto.

Pero para los judíos, la niña de los ojos de Dios, lo más crucial de la obra de Juan Pablo II fue reconciliar a la Iglesia Católica Romana con su pasado antisemita, al conmemorar el Holocausto, y reconocer oficialmente el Estado de Israel. A la vez que el papa Juan Pablo II comenzó a preparar el Jubileo del año 2000 de la Iglesia Católica Romana, proclamó el primer domingo de cuaresma, 12 de marzo, como el "Día del Perdón". «En ese día la Iglesia entera fue llamada a un acto colectivo de arrepentimiento por los pecados históricos de los hijos e hijas de la Iglesia... Siete representantes de la Iglesia... pasen adelante para ofrecer oraciones por los pecados cometidos en servicio de la verdad, como en la Cruzadas y la Inquisición... luego que cada cardenal y obispo ofrezca la petición de oración, Juan Pablo responde con la suya».[23]

Algunos han dicho que será recordado como «el mejor Papa que los judíos hayan tenido jamás».[24]

El rabino David Rosen, director del Departamento de Asuntos Interreligiosos del Comité Norteamericano Judío, dijo: «Ningún Papa se ha dedicado tanto a acelerar las relaciones positivas entre el mundo cristiano y los judíos como este Papa. Él realmente puede ser descrito como un héroe de la reconciliación».[25]

En su breve reinado como Papa, pareciera como si el papa Benedicto XVI continuará fielmente la obra de Juan Pablo II. En su primera reunión principal entre credos, el papa Benedicto XVI aseguró a una delegación de líderes judíos el compromiso de la Iglesia Católica Romana para luchar contra el antisemitismo y acercar los lazos entre judíos y católicos.

> Mi predecesor, el papa Pablo VI y, particularmente, el papa Juan Pablo II, dio pasos significativos hacia el mejoramiento de las relaciones con los judíos. Es mi intención continuar este camino.[26]

En el 1983, en Houston, Texas, hablé ante un auditorio repleto en el Music Hall, conduciendo un evento que había fundado años atrás, conocido como «Una noche en honor a Israel». En el discurso, atacando al antisemitismo como pecado y como pecado que corrompe el alma, hice un llamado a todos los cristianos de Estados Unidos a arrepentirse de cualquier y toda forma de antisemitismo. A la mañana siguiente, el *Houston Chronicle* llevó ese llamado de arrepentimiento a los titulares. Estaba impactado al ver que ese simple llamado a los cristianos, de hacer lo que Cristo enseñó, de «ama a tu prójimo como a ti mismo», sería considerado tan importante como para que fuera el titular de un diario de una de las ciudades principales de Estados Unidos.

Es hora de que todos los cristianos dejen de elogiar la muerte de los judíos en el pasado, Abraham, Isaac y Jacob, y al mismo tiempo, estar molestos por los judíos de enfrente de las casas. Ellos son nuestros hermanos y hermanas, quienes alaban al Dios de Abraham, Isaac y Jacob como lo hacemos nosotros.

Recuerden que todo antisemitismo será juzgado en el Juicio de las Naciones. La base de este juicio será cómo los individuos y las naciones trataron a Israel y a los judíos.

8 JERUSALÉN RECUPERA LA INDEPENDENCIA

LOS JUDÍOS DE PALESTINA vivieron bajo los confines de la Declaración de Balfour y lo que se conoció como el Mandato Británico (*British Mandate*, el mandato palestino de la Liga de las Naciones) desde 1917 hasta 1948.

La Declaración de Balfour, una carta a Lord Rothschild de Arthur James Balfour de la Secretaría Británica del Exterior, escrita el 2 de noviembre de 1917, se convirtió en «el movimiento fundamental para crear un estado judío en Palestina».[1] El Mandato Británico, introducido el 24 de julio de 1922, era bastante más parcial para los árabes que vivían en Palestina que para los judíos. En realidad, este mandato quería darles a los judíos un hogar sin darles el derecho de la autodeterminación, mientras vivieran en la Tierra Prometida de sus padres.[2]

El conflicto en escala entre árabes y judíos en Palestina y el devastador Holocausto de Hitler en Europa causaron que muchos judíos trataran de huir por protección. Hitler estaba matando hasta veinte mil judíos por día en los campos de concentración nazis, y los judíos aterrados escapaban a Palestina, algunos en barcos muy viejos por mar y otros caminando largas millas a través de Europa, luego de vender todo lo que poseían para alcanzar la Tierra Prometida. Otros intentaron huir a Gran Bretaña o a otros países aliados.

Muchos nunca lo lograron. En su libro cautivador *The Revolt* [La revuelta], el ex primer ministro israelí Menachem Begin describió cómo el ejército británico capturaba a los judíos durante la época del Mandato Británico y los enviaba a Europa, en donde Hitler los mataba en el Holocausto.[3]

En junio del 1922, luego de un significativo encuentro entre los judíos y los árabes en Palestina, Winston Churchill expuso sus posiciones revisadas de gobierno en su libro blanco. Aunque Churchill no se opuso explícitamente al objetivo de un estado judío, su afirmación fue interpretada como un revés para el movimiento sionista. «Declaraciones no autorizadas han sido hechas a los efectos de que la propuesta visible es crear una Palestina completamente judía», escribió Churchill. «Se usaron frases tales como que Palestina está por convertirse 'en judía como que Inglaterra es inglesa'. El gobierno de Su Majestad considera cualquier expectativa como irrealizable y no tiene tal objetivo en mente.»[4] La Política del Libro Blanco Británico limitaba la inmigración judía a Israel que escapaba del holocausto de Hitler en Europa. Permitió sólo a cinco mil judíos que inmigraran a Palestina.

Debido a que no podían entrar legalmente a Palestina sin la documentación correspondiente, y porque los cinco mil permisos legales aprobados por el Mandato Británico se habían ido prácticamente en un instante, la mayoría de los judíos fueron considerados por los británicos "inmigrantes ilegales" y fueron reunidos en grandes números y enviados de regreso por barco a Hitler y los campos de concentración.

Fue en este momento que Menachem Begin salió en la escena de la historia israelí. Begin había sido el líder de una organización de jóvenes en Polonia y puesto en prisión por los rusos, donde estuvo confinado en solitaria por meses.

Cada día era interrogado por los oficiales de la inteligencia soviética buscando información de sus actividades y asociaciones con su organización sionista. Ante la ardiente prueba de persecución, como la de José en Egipto, la columna vertebral de Menachem Begin se convirtió en acero, y su coraje se tornó como el de un joven león.

Luego de años de estar encarcelado, Begin fue liberado y se marchó de inmediato a Palestina. A su arribo, organizó el Irgun, una fuerza militar clandestina, con el propósito de prevenir que los británicos deportaran a judíos ilegales de regreso al holocausto de Hitler en Europa.

Las valientes hazañas del Irgun están bien documentadas en el libro de Begin *The Revolt* [La revuelta]. Begin se convirtió en la mala espina del lado británico que Gran Bretaña fijó un precio de $100,000 por su cabeza, muerto o vivo.[5]

En una ocasión, los oficiales británicos se sentaron en la casa de su esposa, Aliza, por varios días esperando que "los terroristas" llegaran a casa. Begin estuvo escondido todo el tiempo detrás de la estufa en una cavidad que él mismo había preparado. Sacó unos pocos ladrillos, se metió en el hueco, se volvieron a colocar los ladrillos, y esperó a que los oficiales de la inteligencia británica se retiraran. Lo hicieron... después de tres días y noches. Begin estuvo allí día y noche esperando que se retiraran, mientras los oficiales se sentaban en el mismo sillón que su esposa.[6]

Bajo el liderazgo de Begin, el Irgun fabricó varias armas únicas en defensa de los judíos deportados a Europa. Una fue una bomba de explosión retardada diseñada por el Irgun para cortar trenes por la mitad, en el vagón de carbón, sin lastimar a los judíos que eran llevados de regreso a Europa.

La bomba era colocada en las vías del tren. Cuando la locomotora pasaba sobre la bomba, detonaba en el vagón de carbón, partiendo el tren como con un hacha enorme. La locomotora seguía por la vía mientras el tren se detenía rápidamente. La gente del Irgun saltaba sobre el tren y liberaba a todos los judíos que iban a ser deportados a Europa.[7]

La verdad acerca del hotel King David merece ser contada. Begin es, a menudo, calificado por la prensa liberal como un "terrorista". Nada podría estar más lejos de la verdad. Él era un luchador en pos de la verdad cuyos objetivos siempre era el personal militar británico o aquellos que eran combatientes armados contra los judíos.

En julio de 1946, el hotel King David estaba siendo usado por el ejército británico como puesto de comando. La agencia judía fue invadida por tropas británicas en junio de 1946 y se confiscaron grandes cantidades de documentos. Información de las operaciones de la agencia, incluyendo actividades de inteligencia en países árabes, fueron llevados al hotel King David. Con el propósito de evitar víctimas civiles, Begin realizó tres llamadas telefónicos, una al hotel, otra al consulado francés, y una tercera al *Palestine Post*, advirtiendo que se detonarían explosivos en el hotel King David.

La llamada al hotel parece haber sido recibida e ignorada. El oficial a cargo no creyó que el Irgun pudiera haber colocado explosivos en el hotel en las narices del alto comando británico. El mismo oficial fue claro con Begin de no tener intenciones de desalojar el hotel al decir: «No recibimos órdenes de los judíos». El lugar fue detonado, y un total de noventa y una personas murieron, y cuarenta y cinco resultaron heridas. Entre las víctimas había quince judíos.[8]

El atentado del hotel King David no fue un acto de terrorismo —fue un acto de combate entre fuerzas guerreras. Poco tiempo después, Inglaterra decidió abandonar Palestina, y el estado judío nació. El Sr. Begin y el Irgun rindieron las armas, junto con Haganah, en el renacimiento del estado israelí el 14 de mayo de 1948.

NACE EL ESTADO JUDÍO

Consciente de que siete estados árabes, bajo el liderazgo de los ex oficiales nazi y británico estaban por atacarlos, los palestinos judíos declararon el establecimiento del Estado de Israel el 14 de mayo de 1948, a las 4:32 p.m., en una ceremonia conmovedora en el museo de Tel Aviv. El nuevo primer ministro, David Ben-Gurion, declaró: «Nosotros, por la presente proclamamos el establecimiento del Estado Judío en Palestina, que se llamará Israel».[9]

Los 650,000 miembros de la comunidad judía en Palestina estaban emocionados con la posibilidad de establecer el primer estado judío después de más de ochocientos años. Estas mismas personas judías estaban angustiadas por el hecho de que siete ejércitos árabes estaban preparando un intento de masacre en un esfuerzo por asesinar el estado judío en su momento de parto.

La comunidad internacional comenzó a analizar el estado judío siguiendo las revelaciones del Holocausto en 1947. Como parte del Mandato Palestino y el Libro Blanco Británico de 1922, una gran sección de tierras al este del río Jordán, llamada Transjordania, fue ofrecida a los judíos esparcidos por el mundo. Los árabes protestaron firmemente, por lo que se les concedió a ellos cuatro quintos de la propiedad y un quinto a los judíos. Fue el primer ofrecimiento de «tierra por la paz», y tristemente falló, como todos los otros que se han hecho o que vendrán para obtener una paz momentánea.[10]

Los organizadores de la ceremonia para el reconocimiento de Israel desarrollaron los planes bajo extremo secreto, lo cual fue crucial. Israel sabía que si se filtraba una palabra sobre el tema, dando información crítica como cuándo ocurriría este evento histórico, los árabes inmediatamente colocarían una bomba en el lugar o planearían atacar durante el evento.[11] Pero el 14 de mayo, los diarios matutinos anunciaron que el evento tendría lugar a las 4 de la tarde. Los judíos de Tel Aviv estaban tan emocionados que colocaron las banderas azules y blancas de Israel afuera de sus casas.

Con el fin de conservar el secreto y la seguridad, sólo una audiencia reducida fue invitada al evento. Se les prohibió la entrada a los periodistas extranjeros a esta reunión histórica.

Cuando el Consejo Nacional se reunió a la 1 p.m., los miembros aún no se ponían de acuerdo sobre lo que se diría en la Proclama de Estado. En el libro *Great Moments in Jewish History* [Grandes momentos de la historia judía] Elinor y Robert Slater describen esta reunión:

> Algunos pedían que incluyera las fronteras de los nuevos estados. Ben-Guiron dijo no. Los judíos religiosos querían se hiciera mención a «el Dios de Israel». Los seculares se oponían. Comprometido, Ben-Gurion decidió que la palabra «Roca» apareciera en lugar de «Dios». ¿Y qué del nombre para el nuevo estado? ¿Qué tal Judea?, sugirió un miembro. ¿Qué tal Sion?, propuso otro. Nuevamente Ben-Guiron puso el punto final: el nuevo estado se llamará Israel.[12]

Justo antes de las 4:00 p.m. las limosinas comenzaron a llegar al museo de Tel Aviv, ocasionando que la multitud estallara en una ovación. El último en entrar al museo fue Ben-Gurion, «con su estatura de 1.60 metros. Sus facciones muy marcadas, su cabeza adornada con hebras de pelo blanco, y poca expresión en su rostro. 'Ahora somos responsables de nuestro destino', pensó para sí mismo».[13]

Trescientos cincuenta invitados se habían agolpado en el museo, llenando el lugar. Ben-Gurion y otros diez miembros del gabinete estaban sentados en una mesa debajo del retrato del pionero sionista Theodor Herzl. Miles de israelíes estaban escuchando la ceremonia por radio.

> A las 4:00 p.m., Ben-Gurion golpeó la mesa de nogal tres veces, y la multitud cantó el himno nacional «Hatikvah». Luego Ben-Gurión declaró, «Ahora les leeré el manuscrito del sistema de estado, el cual ha sido aprobado en la primera lectura por el Gabinete Nacional».
>
> Ben-Gurion elevó la voz cuando leía: «Por consiguiente, nosotros, los miembros del Gabinete Nacional, representando a los judíos en Palestina y el movimiento mundial sionista, estamos reunidos aquí en solemne asamblea hoy, el día del cese del Mandato Británico para Palestina; y en virtud del derecho natural e histórico de los judíos y la Resolución de la Asamblea General de las Naciones Unidas, proclamamos aquí el establecimiento del estado judío palestino, que se llamará Medinat Israel (Estado de Israel)».[14]

Con esas palabras, la multitud dentro del vestíbulo del museo enloqueció. Algunos aplaudían, otros gritaban, algunos lloraban. Todos sonreían. Le llevó 17 minutos a Ben-Gurion leer el documento de 979 palabras.

Ben-Gurion anunció entonces el primer decreto para el nuevo estado judío: el Libro Blanco Británico de 1939, odiado por los judíos por sus trabas en la inmigración judía y ventas de tierras, fue anulado y dejado sin efecto. Entonces, los miembros del Consejo firmaron la Declaración la Independencia.

La Orquesta Filarmónica Palestina interpretó «Hatikvah» como el recién Primer Ministro David Ben-Gurion declaró: «El Estado de Israel está establecido. La reunión está terminada».[15]

Esta ocasión trascendental han sido registrada por la pluma del profeta Isaías cuando dice: «Nacerá una nación de una vez» (ver Isaías 66:8). Dios lo hizo, justo como lo prometió.

Fue el momento más grandioso en la historia profética de la historia del siglo XX. Era una evidencia pura para que los hombres vieran que el Dios de Israel estaba vivo.

TRUMAN RECONOCE A ISRAEL

A pesar de la presión del Departamento de Estado de los Estados Unidos de no reconocer a Israel, por temor de que EE.UU. ofendiera a las naciones árabes productoras de petróleo, el presidente Harry S. Truman fue el primero en reconocer el Estado de Israel el 14 de mayo de 1948.

Años antes de que el Estado de Israel fuera reconocido, David Ben-Gurion se encontró con el presidente Truman. Ben-Gurion observó:

Le dije… su decisión valiente de reconocer nuestro nuevo Estado tan rápidamente, y su apoyo constante, desde entonces, le ha dado un lugar inmortal en la historia judía. Al mencionar eso, se le llenaron los ojos de lágrimas y aún cundo nos despedimos, seguía emocionado. Más tarde un corresponsal se acercó a preguntarme: «¿Por qué el presidente Truman estaba emocionado cuando usted se retiró?».[16]

La historia dice que Harry Truman era un hombre de mucha integridad y con principios. Su palabra era un contrato. Era un competidor político feroz, cuya retórica incisiva en la campaña contra Dewey fue calificada por la oficina del Presidente de Estados Unidos como «que vean el infierno, Harry». Su respuesta fue: «No tengo que hacerlo, sólo digo la verdad, y ella suena como el infierno».

Criado en un hogar sionista creyentes en la Biblia, Truman ayudó a varias familias inmigrantes judías a venir a Estados Unidos para escapar del holocausto. Cuando llegó la hora para el Dios Jehová de darle vida al estado sionista que había estado muerto por casi doscientos años, el Todopoderoso tenía un hombre de honor e integridad en la Casa Blanca lo suficientemente valiente para ignorar los expertos políticos en su entorno y reconocer el Estado de Israel. Que Dios bendiga esa alma y la sagrada memoria de Harry S. Truman, el presidente número treinta y tres de los Estados Unidos.

LA GUERRA DE LOS SEIS DÍAS DE 1967

Cuando los judíos de Jerusalén fueron forzados a rendirse al comienzo de 1948 en la Guerra de la Independencia de Israel, renunciaron, tal vez, a su gran tesoro –la pared sagrada que rodeaba el Templo Mount, lugar de los dos antiguos templos judíos sagrados. La captura del Muro Occidental por los soldados israelíes, casi veintitrés años después durante la Guerra de los Seis Días en junio de 1967, representa uno de los momentos más significativos en la historia judía. Elinor y Robert Slater registraron este evento con las siguientes palabras en su libro *Great Moments in Jewish Story* [Grandes momentos en la historia judía]:

> En el tercer día de la Guerra de los Seis Días, Israel lanzó uno de los ataques más significativos y dramáticos, con el objetivo de recapturar la vieja ciudad de Jerusalén, diecinueve años después de haber sido conquistada por los jordanos durante la Guerra de la Independencia de Israel de 1948.
>
> A las 8:30 a.m., el general Mordecai «Mota» Gur, el comandante de la brigada paracaidista israelí y el futuro jefe de personal de las Fuerzas Defensoras de Israel, ordenaron a sus tropas arrasar los últimos restos que quedaron del punto alto de Jordania, desde donde se veía la Ciudad Santa, la Iglesia Augusta Victoria, la cual se derrumbó sin esfuerzo. Luego las tropas usaron sus tanques y la infantería para un asalto frontal en la puerta Lion's Gate, una de las entradas principales a la ciudad antigua.[17]

Soldados con cascos entraron a la ciudad, algunos de sólo dieciocho y diecinueve años. Toda su vida soñaron que algún día tocarían el Muro Occidental. El Muro Occidental, parte de la estructura del primer y segundo templo, representa la conexión más sagrada para los judíos de sus raíces ancestrales.

Los jóvenes soldados irrumpieron por la entrada, siguieron por la Vía Dolorosa y continuaron directamente hacia el Muro Occidental. «Ningún otro momento de conquista durante la Guerra de los Seis Días fue tan dulce como este. Luego de una ausencia de diecinueve años, habían recuperado el barrio judío, el cual había sido entregado a los árabes en mayo de 1948».[18]

Yitzahak Rabin recordó ese día como «el día cumbre de mi vida». Mientras los soldados corrían a abrazarlo en el Muro Occidental, él decía:

> Es con afecto y orgullo que la nación hoy los saluda por la decisiva victoria que nos han traído... no nos fue traída en vajilla de plata. La batalla fue salvaje y dura. Muchos de nuestros camaradas han caído en acción. Sus sacrificios no han sido en vano... innumerables generaciones de judíos asesinados, martirizados y masacrados en el nombre de Jesús les dicen: «Reconforta a tu gente, consuela a las madres y a los padres cuyos sacrificios han traído redención».[19]

Miles de personas que no podían estar de pie ante el muro ese día escucharon las palabras del rabino por la radio: «Le recordó a sus oyentes que él había estado en la ciudad y luchó por ella durante la Guerra de la Independencia», y describió cómo se sintió al entrar a la antigua ciudad con los soldados esos días con estas palabras: «...para mí ha sido, tal vez, el hecho más importante que ha ocurrido durante estas cincuenta y cinco horas».[20]

Sin embargo, como la historia revelará, «la euforia que los israelíes sintieron en el período inmediato de la Guerra de los Seis Días acerca de reunir a Jerusalén bajo su control y tal vez ganar la paz con los árabes, finalmente dio paso a relucir que una resolución al conflicto de Israel y los árabes persistía de forma evasiva».[21]

Ese día es extremadamente importante en cuanto a las profecías, por ser el día del cual habló Lucas cuando dijo: «...y Jerusalén será hollada por los gentiles, hasta que los tiempos de los gentiles se cumplan. Entonces verán al Hijo del Hombre, que vendrá en una nube con poder y gran gloria» (Lucas 21:24, 27).

Fue durante la Guerra de los Seis Días y la recapturación del Muro Occidental que esta verdad profética se convirtió en realidad. En la sección final de este libro, daremos una mirada profética al futuro de Israel —y del mundo. Ahora que sus fundamentos históricos están establecidos, espere un paseo profético.

Sección 3

¿QUÉ TRAE EL FUTURO?

¿**C**UÁNDO TERMINARÁ el mundo? ¿Cómo terminará? Las Escrituras no permanecen calladas acerca del futuro de nuestro mundo y los eventos que conducen al final de la era.

Jesús le dio a sus doce discípulos la columna de la profecía en Mateo 24 al sentarse en el Monte de los Olivos, mientras observaba la hermosa ciudad de Jerusalén:

> «Y estando él sentado en el monte de los Olivos, los discípulos se le acercaron aparte, diciendo: Dinos, ¿cuándo serán estas cosas, y que señal habrá de tu venida, y del fin del siglo?».
>
> MATEO 24:3

Hay diez signos proféticos en las Escrituras que describen el mundo en los últimos días. Cuando estos diez signos proféticos ocurran en una generación, esa misma generación verá el fin de la era. Para comenzar nuestra mirada al futuro de Israel, incluyo estos diez signos al comienzo de esta sección. Para un estudio más completo, vea mi libro *The Battle for Jerusalem* [La batalla por Jerusalén].[1]

DIEZ SIGNOS PROFÉTICOS DEL FIN DEL MUNDO

1. La explosión de conocimiento—Daniel 12:4
2. Plaga en el Medio Oriente—Zacarías 14:12-15
3. El renacimiento de Israel—Isaías 66:8-10
4. Los judíos volverán a casa—Jeremías 23:7-8
5. Jerusalén no está más bajo el control gentil—Lucas 21:24

6. Comunicación internacional instantánea—Revelaciones 11:3, 7-10
7. Días de engaño—Mateo 24:4
8. Hambres y pestilencias—Mateo 24:4
9. Terremotos—Mateo 24:7-8
10. «Como en los días de Noé...»—Mateo 24:36-39

9 EL ÉXODO COMIENZA

MÁS DE 2,600 AÑOS ATRÁS, el profeta Ezequiel predijo la resurrección de Israel, la cual tuvo lugar el 14 de mayo de 1948. Ezequiel también anunció la Guerra Santa que sucederá en Israel, tiempo después de la restauración de la independencia. En este capítulo, examinaremos lo que él dijo acerca de Israel y la coalición de las naciones árabes que, bajo el liderazgo de Rusia, invadirán Israel en un futuro cercano.

Dios le dio a Ezequiel una visión de un valle lleno de huesos secos. Quiero aclarar que no creo que la visión de Ezequiel tenga algo que ver con la resurrección de los santos muertos de la Iglesia. En Ezequiel 37:11, Dios le dice: «Hijo de hombre, todos estos huesos son la casa de Israel». No hay dudas en el texto de que sólo puede ser Israel.

En una visión, Dios lo lleva a un valle lleno de huesos que estaban muy secos y desparramados. Este era el retrato de Dios de la nación de Israel. Israel cesó de ser una nación en el año 70 d.C., cuando el ejército romano los desparramó por el mundo bajo el liderazgo de Tito. Serían más de dos mil años antes de que Israel se convirtiera en estado nuevamente en mayo de 1948; ¡y los huesos sí que se secaron!

Dios le preguntó a Ezequiel algo que lo dejó perplejo:

> «Hijo de hombre, ¿vivirán estos huesos?»
> EZEQUIEL 37:3

Y Ezequiel le respondió, diciendo: «Señor Jehová, tú lo sabes» (v. 3). En otras palabras, él estaba diciendo: «No veo cómo puede ser posible. La muerte ha hecho su trabajo. La vida se fue. Señor, si estos huesos viven, necesitarán la obra milagrosa del poder del Dios Jehová». Por casi cincuenta años, he predicado el evangelio de Jesucristo a todas las audiencias sobre la tierra. He estado en iglesias, catedrales, auditorios, estadios de fútbol y en un campo abierto en Nigeria con más de tres millones de asistentes. Aún como Ezequiel, a menudo veo las audiencias grandes y pequeñas, y pienso: *¿Pueden estos huesos vivir?*

En respuesta a la pregunta de Ezequiel, Dios le pidió hacer algo muy extraño. ¡Era el mensaje más extraño a la congregación más muerta en la historia de la predicación! Dios le pidió predicar la palabra del Señor a los huesos secos: «Huesos secos, oíd palabra de Jehová» (v. 4).

La palabra profética no siempre significa vaticinar o predecir. Aquí significa hablar o predicar un mensaje a la gente de Dios. Hay un poder sobrenatural en la Palabra de Dios hablada.

La fe de Ezequiel conquistó las limitaciones de su mente carnal, y obedeció la voz de Dios. Es un hecho bíblico: obediencia trae bendición, y la desobediencia trae juicio. Ezequiel miró el valle lleno de huesos desparramados y muy secos, y predicó este mensaje:

> «Así ha dicho Jehová el Señor a estos huesos: He aquí, yo hago entrar espíritu en vosotros, y viviréis. Y pondré tendones sobre vosotros, y haré subir sobre vosotros carne, y os cubriré de piel, y pondré en vosotros espíritu, y viviréis; y sabréis que yo soy Jehová»
>
> EZEQUIEL 37:5-6

Ezequiel proclamó que Dios iba a hacer una obra supernatural que haría que esos huesos secos, sin vida y desparramados, vivieran nuevamente. Sería un revés a la muerte y la corrupción.

En perfecta obediencia a la palabra de Dios, Ezequiel dijo:

> «Profeticé, pues, como me fue mandado; y hubo un ruido mientras yo profetizaba, y he aquí un temblor; y los huesos se juntaron cada hueso con su hueso. Y miré, y he aquí tendones sobre ellos, y la carne subió, y la piel cubrió por encima de ellos; pero no había en ellos espíritu»
>
> EZEQUIEL 37:7-8

Observe que la restauración a la vida de los huesos fue un proceso. No fue un evento instantáneo.

Los huesos estaban secos, desparramados y sin vida hacía mucho tiempo. Los huesos secos de la visión de Ezequiel representan a la nación de Israel durante la Diáspora, comenzando en el año 70 d.C. (Ezequiel 37:11). Gradualmente, los huesos se juntaron, y los tendones y la carne aparecieron.

Fue en este punto de la restauración de Israel que personas como Theodor Herzl, el padre del sionismo, comenzó a llamar a los judíos de regreso a Israel. Los «tendones y carnes» continuaron reuniéndose como cuando los judíos de la tierra volvieron a Eretz, Israel, para drenar los pantanos, y transformar los desiertos en una rosa. El 14 de mayo de 1945, a las 4:32 p.m., el Estado de Israel, luego de dos mil años, renació. La visión profética de Ezequiel fue realizada:

> «Así ha dicho Jehová el Señor: He aquí, yo tomo a los hijos de Israel de entre las naciones a las cuales fueron, y los recogeré de todas partes, y los traeré a su tierra»
>
> EZEQUIEL 37:21

Dios dejó muy claro que traería a los judíos de regreso a «su propia tierra». No los traería de regreso a las tierras de Palestina, sino que los devolvería a la Tierra Prometida por el pacto que Dios había hecho con Abraham, Isaac, Jacob y sus descendientes.

En la conclusión de Ezequiel 37, la nación de Israel había renacido físicamente. Hoy ellos tienen una bandera, una constitución, tienen un Primer Ministro y un *Knesset*. Tienen una fuerza policiaca, un ejército poderoso y las mejores agencias de inteligencia del mundo. Tienen a Jerusalén, la ciudad de Dios. Tienen una nación. Lo tiene todo, menos vida espiritual.

Como los huesos secos de Ezequiel 37, Israel espera el despertar espiritual del aliento de Dios y la llegada del Mesías.

EL PROCESO DE REAGRUPARSE

La profecía nos dice no solamente lo que sucederá en el futuro, sino también el proceso por el cual Dios reunirá Israel.

En Jeremías 16, el profeta proclama lo que se llama en nuestra generación como el *Segundo Éxodo*, que sobrepasará completamente el éxodo de Israel a Egipto bajo Moisés en la Pascua original.

> «No obstante, he aquí vienen días, dice Jehová, en que no se
> dirá más: Vive Jehová, que hizo subir a los hijos de Israel de
> tierra de Egipto; sino: Vive Jehová, que hizo subir a los hijos
> de Israel de la tierra del norte, y de todas las tierras adonde
> los había arrojado; y los volveré a su tierra, la cual di a sus
> padres».
>
> JEREMÍAS 16:14-15

Esta profecía increíble vino de la pluma de uno de los más importantes profetas conocidos de Israel. Por más de trescientos años, los judíos celebraron el Éxodo de Moisés del domino de Egipto como el hecho más grandioso en su historia. Hasta Jeremías decía que venía un segundo éxodo que sería tan grande que opacaría al primero.

Jeremías asegura que las personas vendrán de «la tierra del norte», la cual yo entiendo es Rusia. En la Biblia, todas las direcciones son dadas desde Jerusalén. En la mente de Dios, Jerusalén es el centro del universo.

Jeremías expandió su profecía del Segundo Éxodo para incluir «todas las tierras a donde Él los ha llevado». Al escribir este libro, el jefe rabino de Israel tiene representantes yendo a los cuatro puntos del mundo para ayudar a su gente a volver a Sion. El Segundo Éxodo está lejos de cumplirse, mientras la poderosa diestra de Dios continúa juntando «a la niña de sus ojos» hacia la tierra ofrecida a Abraham y su simiente casi seis mil años atrás.

Pescadores y cazadores

La Biblia es un libro de parábolas y figuras que describen principios de la verdad de Dios al hombre. El profeta Jeremías usó su pluma para pintar un vívido cuadro de los agentes humanos que Dios intentó usar para hacer regresar a los judíos a Israel.

> «He aquí que yo envío muchos pescadores, dice Jehová, y los
> pescarán, y después enviaré muchos cazadores, y los cazarán
> por todo monte y por todo collado, y por las cavernas de los
> peñascos».
>
> JEREMÍAS 16:16

Creo que este versículo indica que lo positivo viene después de lo negativo. La gracia y la compasión vienen después del juicio. Los pescadores vienen antes de los cazadores. Primero, Dios envió a los pescadores a Israel.

Ellos eran los sionistas, hombres como Theodor Herzl, quien convocó a los judíos de Europa y el mundo para que regresaran a Palestina a establecer el estado judío. Los judíos fueron alentados a escapar mientras había aún tiempo. La situación para los judíos en Europa sólo se pondría peor, no mejoraría.

Un pescador es alguien que ubica su objetivo con el cebo. Herzl y sus compañeros sionistas eran los pescadores de Dios, llamando a los hijos e hijas de Abraham a casa. Herzl estaba sumamente decepcionado porque los judíos del mundo no respondieron a cabalidad.

Dios luego envió a los cazadores. El cazador es quien consigue su presa a través del miedo y la fuerza. Nadie podía ver el horror del holocausto que venía, pero la fuerza y el miedo a los nazis de Hitler llevó a los judíos de regreso al único hogar que Dios intentó que tuvieran, Israel. Me asombro por la exactitud de las palabras de Dios y su importancia para estos tiempos. Me asombro y maravillo por su amor sin límites por Israel y los judíos, y su determinación divina de hacer realidad lo prometido a Abraham, Isaac y Jacob.

«Ve a la casa del alfarero»

En Jeremías 18, el profeta presenta un segundo cuadro muy vívido del proceso de Dios para hacer volver a Israel a su destino divino. Dios le pide a Jeremías ir a la casa del alfarero, y Dios declara que Él mismo será el alfarero.

> «Palabra de Jehová que vino a Jeremías, diciendo: Levántate y vete a casa del alfarero, y allí te haré oír mis palabras. Y descendí a casa del alfarero, y he aquí que él trabajaba sobre la rueda. Y la vasija de barro que él hacía se echó a perder en su mano; y volvió y la hizo otra vasija, según le pareció mejor hacerla. Entonces vino a mí palabra de Jehová, diciendo: ¿No podré yo hacer de vosotros como este alfarero, oh casa de Israel? dice Jehová. He aquí que como el barro en la mano del alfarero, así sois vosotros en mi mano, oh casa de Israel».
> JEREMÍAS 18:1-6

Dios deja absolutamente claro que Él es el alfarero, y que la vasija entre sus manos es Israel. La primera vez que Dios moldeó a Israel como el alfarero que moldea la arcilla o el barro, Él se imaginó la vasija arruinada en sus manos.

Dios no tiró la vasija. En lugar de eso, juntó la arcilla sobre la rueda y formó una segunda vasija, dando a entender que el destino divino de los judíos podía ser realizado de acuerdo a su plan eterno.

En uno de mis muchos viajes a Israel, me llevaron a la casa de un alfarero en Hebrón. Allí, él estaba haciendo jarrones en un rueda como sus ancestros lo han estado haciendo por miles de años. Tomó un poco de arcilla, mojó sus manos, y al girar la rueda con sus pies, cuidadosamente comenzó a darle forma a la imagen que tenía en su mente.

Encontró imperfecciones y marcas, y las sacó, tirando lo que sobraba al piso. Pacientemente, moldeó el jarrón, y cuando no se unía, lo rompía y lo volvía a hacer nuevamente. El segundo jarrón salió perfecto, lo que causó un aplauso en nuestro grupo.

Dios, el Alfarero Maestro, le dio forma a Israel por segunda vez. El proceso continúa con imperfecciones que se quitan y se echan de lado. El jarrón alcanzará la perfección cuando el Mesías llegue, y la Tierra entera aplaudirá por ser Jerusalén la «alabanza en la tierra» (Isaías 62:7).

DOLOR DE PARTO DEL NUEVO TIEMPO

Jesús presentó un retrato sobre el fin de los tiempos y la venida del Mesías. Él presenta una serie de símbolos, incluyendo guerras internacionales, hambres y terremotos. Él afirmó: «Y todo esto será principio de dolores» (Mateo 24:8, NVI).

Hay dos hechos acerca de una mujer en trabajo de parto al tener su niño. Primero, cuando los dolores de parto comienzan, no paran hasta que el niño nazca.

El mundo e Israel están ahora teniendo contracciones (guerras, rumores de guerras, actos de terrorismo, derramamiento de sangre y violencia alrededor del globo) que producirá un nuevo tiempo mesiánico. La rapidez con que los hechos suceden y la intensidad de los dolores de parto pueden ser vistos en los noticieros cada noche. Estamos corriendo hacia el fin de los tiempos. ¡El Mesías está a las puertas mucho más rápido de lo que pensamos!

Como Ezequiel 37 dice, hay dos ramas (ver Ezequiel 37:15-28). Estas dos ramas representan los reinos del norte (Israel) y el sur (Judea), los cuales se convertirán nuevamente en una nación.

Lo que significa que no habrá «diez grupos perdidos de Israel», porque Dios no pierde nada. Ezequiel escribe: «Y sabrán las naciones que yo, Jehová, santifico a Israel» (v. 28). Dios está llevando a cabo este milagro increíble para testificar ante las naciones del mundo de su amor incondicional por Israel, mientras Él santifica esa nación antes de que el Mesías venga.

10

LA GUERRA DE EZEQUIEL, LOS RUSOS SE APROXIMAN

SERÍA PURO FANATISMO sugerir que la palabra «Rusia» aparezca mencionada en la Biblia. No obstante, Dios, por medio de Ezequiel, hizo algunas revelaciones muy claras y específicas en la Biblia en lo que respecta al surgimiento de una súper potencia en el norte de Israel, que destruiría la paz así como también la estabilidad del mundo hacia el fin de los tiempos.

En Daniel 9:27, se nos informa que aparecerá un hombre con poderes sobrenaturales, quien, como dice Daniel: «... y sin aviso destruirá a muchos...» (Daniel 8:25). Este hombre provendrá de la Unión Europea e intentará resolver la disputa entre Israel y el Islam, que en la actualidad tiene lugar en Israel. Este orador político de personalidad carismática hará un pacto con Israel por siete años, en el cual le garantizará seguridad y protección como nación. En las Escrituras, se le llama Anticristo, «el hijo de perdición», lo que significa el hijo mayor de Satanás (2 Tesalonicenses 2:3). Cuando los eventos que se mencionan en Ezequiel 38 comiencen, la nación de Israel habrá hecho un pacto con este líder político, que es el jefe de la Unión Europea. Los judíos confían en que las potencias europeas los protegerán de cualquier agresor externo o invasor. Israel está consciente de que Rusia es su enemigo. Durante años, Israel supo que Rusia ha estado ayudando a Irán en el desarrollo de armas nucleares para ser utilizadas en su contra. Este tratado de paz acordado entre el jefe de la Unión Europea e Israel tendrá lugar en un futuro cercano.

Es importante para el lector entender que la profecía de la Biblia divide a las potencias militares mundiales en cuatro sectores justo antes del fin de este tiempo (vea Daniel 2:31-35). Las cuatro grandes potencias militares mundiales de este tiempo son simplemente llamadas por el rey del norte, el rey del sur, el rey del este y el rey del oeste. Es imprescindible recordar que todas las direcciones en las Escrituras están basadas en relación geográfica con Israel.

En este capítulo, les demostraré con mucho detalle que el rey del norte es Rusia, que el rey del sur representa a las naciones árabes, que el rey del este es China y que el rey del oeste son los Estados Unidos y Europa.

EL REY DEL NORTE: RUSIA

Comencemos con el *rey del norte* ya que se trata de un reino que queda al norte de Israel.

> «Vino a mí palabra de Jehová, diciendo: Hijo de hombre, pon tu rostro contra Gog en tierra de Magog, príncipe soberano de Mesec y Tubal, y profetiza contra él»
>
> EZEQUIEL 38:1-2

Gog significa «gobernador», que literalmente significa «hombre sobre la cima». No se me ocurre mejor nombre para un dictador que Gog. Este versículo nos dice que Gog era «el líder principal» de la tierra de Magog. «Líder», que significa «cabeza», se traduce en hebreo como Rosh.[1] En su ancestral diccionario hebreo, Gesenius (1786-1842), el gran erudito en dicho idioma, identifica *Rosh* como un antiguo nombre con el que se conocía a Rusia.[2]

En su libro *The Destiny of Nations* [El destino de las naciones], el Dr. John Cumming dijo: «Considero que el rey del norte es la autócrata Rusia... que Rusia ocupa un lugar muy trascendental, y la palabra profética ha sido admitida por casi todos los expositores».[3]

Ezequiel hace gran hincapié en el hecho de que el gran enemigo de Israel vendría del punto más nórdico. Esto aparece en Ezequiel 38:6 y 15, y otra vez en 39:2. La palabra hebrea que califica a *norte* significa tanto «más» como «extremo». En cualquier mapa se puede corroborar que el punto más al norte de Israel es Rusia.

En 1968, el general Moshe Dayan dijo: «La próxima gran guerra no será contra los árabes, sino contra los rusos».[4]

Ahora, veremos el fenómeno teológico que nos ayudará a identificar mejor a Gog y Magog con Rusia.

> «Así ha dicho Jehová el Señor: He aquí, yo estoy contra ti, oh Gog, príncipe soberano de Mesec y Tubal».
>
> EZEQUIEL 38:3

A lo largo de toda la historia de Israel, Dios ha dicho que Él estaba en contra de aquellas naciones que oprimieran a los judíos. Dios destruyó Egipto a causa de su persecución a los judíos. Dios se enemistó con Babilonia por su destrucción de Jerusalén. Ahora, surge del punto más al norte una nación que atacará a Israel, y Dios dice: «Estoy en vuestra contra». Es fascinante el hecho de que Ezequiel estuviera profetizando sobre una nación que todavía ni siquiera existía. Dios dice que *Él está en su contra* porque la nación iba a ser atea. Y ninguna otra nación se ha reconocido más atea que Rusia.

Todas las naciones anteriores a las cuales Dios se ha opuesto han sido siempre politeístas. Creían en muchos dioses. Al comienzo de los tiempos, Dios no dio un mandamiento específico en contra del ateísmo. Sin embargo, sus dos primeros mandamientos estaban en contra del politeísmo. «No tendrás dioses ajenos delante de mí» (Éxodo 20:3); «No te harás imagen, ni ninguna semejanza de lo que esté arriba en el cielo, ni abajo en la tierra, ni en las aguas debajo de la tierra» (v. 4). Estos mandamientos que se oponen firmemente a muchos dioses tratan el problema del politeísmo, sin embargo, no del ateísmo. Mediante la pluma del rey David, Dios toca el tema del ateísmo en un versículo: «Dice el necio en su corazón: No hay Dios» (Salmo 14:1). Sin embargo, ¡qué ridículo es el ateísmo! No obstante, una nación aparecerá al final de los tiempos, que se encontrará en el extremo norte y que será atea. No hay duda del gobierno ateo y comunista de Rusia. Joseph Stalin dijo: «Hemos destituido a los zares de la tierra y ahora destronaremos al Señor del cielo».[5]

Cuando Rusia envió un cohete llamado *Sputnik*, que pasó por la luna, tal como si se hubiera acercado al sol, se escuchó en la radio rusa el siguiente comentario: «Nuestro cohete ha esquivado la luna. Se está acercando al sol. No hemos descubierto a Dios. Hemos encendido las luces del cielo, ningún hombre ahora podrá volver a encenderlas. Hemos roto el yugo del evangelio, el opio de las masas. Si seguimos avanzando, Cristo será relegado a un mero mito».[6]

¿QUIÉNES SON MESECH Y TUBAL?

Dios declara que Él está en contra de Gog, el líder de Mesech y Tubal. ¿Quién es este líder? Para poder identificar estos nombres, debemos retrotraernos al Génesis 10 donde leemos sobre las generaciones de los hijos de Noé: Sem, Cam y Jafet (Génesis 10:1).

En el segundo versículo, los hijos de Jafet aparecen como: «Gomer, Magog, Madai, Javán, Tubal, Mesec y Tiras». Todos los nombres que aparecen en Ezequiel 38 son los hijos de Jafet.

Los etnólogos, historiadores que rastrean las migraciones de las personas, nos dicen que después de la inundación de Noé, los jafetitas emigraron desde Asia Menor hacia el norte, más allá del Mar Caspio y del Mar Negro. Se establecieron en el área de Rosh, que es lo que en la actualidad conocemos como Rusia. Wilhelm Genesius, un erudito del idioma hebreo de principios de siglo, analiza la palabra *Mesek* en su diccionario de hebreo. Gesenius dice que el nombre griego *Moschi* se deriva del nombre hebreo *Meschech*, que es la fuente de la ciudad de Moscú.[7]

LA INVASIÓN DE RUSIA A ISRAEL

«Y te quebrantaré, y pondré garfios en tus quijadas, y te saca-
ré a ti y a todo tu ejército, caballos y jinetes, de todo en todo
equipados, gran multitud con paveses y escudos, teniendo
todos ellos espadas».

EZEQUIEL 38:4

¿Por qué Rusia va tras Israel? Concentrémonos en algunas de los motivos que pudiera tener para dominar a Israel.

1. Rusia irá tras Israel porque necesitan una entrada de aguas cálidas a los océanos del mundo. Oriente Medio se lo brinda. Rusia, bajo el gobierno de Putin, firmó contratos petroleros de 50 mil millones de dólares con Saddam Hussein, lo que les ha permitido a los científicos rusos dirigir los programas nucleares para destruir Israel. Putin es el ex director de la KGB, es quien eliminó la democracia en Rusia y, al mismo tiempo, embelesó al occidente con la neutralidad.

2. Rusia necesita el petróleo para reconquistar su poderoso estatus militar. Rusia tiene hambre del petróleo árabe. Ellos deben obtenerlo para recuperar su estatus global, el cual perdieron en la caída de la ex Unión Soviética.

3. Los depósitos minerales que hay en el Mar Muerto son tan maravillosos que no pueden ser valorados en el mercado actual como es debido. Se estima que el Mar Muerto contiene

dos mil millones de toneladas de cloruro de potasio, el mismo que se necesita para enriquecer el suelo que está siendo agotado por todo el mundo. Además, el Mar Muerto contiene veintidós mil millones de toneladas de cloruro de magnesio y doce mil millones de toneladas de cloruro de sodio. La riqueza de este mar le hace agua la boca de Rusia.

A través de Ezequiel, Dios le dice a Rusia: «Pondré ganchos en sus mandíbulas». Dios va a arrastrar a Rusia hacia Israel. ¿Por qué? A lo largo de toda su historia, Rusia ha sido antisemitita y, en última instancia, será guiada por un dictador que conducirá a una coalición con las naciones árabes para enfrentarse con Israel. Dios deja en claro que Él juzgará a Rusia en la tierra de Israel, y que Rusia no saldrá con vida.

LOS ALIADOS DE RUSIA

¿Quiénes son los aliados de Rusia, que se le unirán en esta guerra profana para destruir a la nación de Israel y exterminar a los judíos? Dios da los nombres y les habla por medio de Ezequiel.

«Persia, Cus y Fut con ellos; todos ellos con escudo y yelmo; Gomer, y todas sus tropas; la casa de Togarma, de los confines del norte, y todas sus tropas; muchos pueblos contigo».

EZEQUIEL 38:5-6

Persia

En la actualidad, Persia es Irán. Mientras me encuentro escribiendo este libro, Rusia e Irán han unido sus fuerzas para crear misiles nucleares de largo alcance que podrían impactar Londres, Jerusalén y Nueva York. Durante el gobierno del ex primer ministro Benjamín Netanyahu, la inteligencia israelí le hizo pasar «hambre de petróleo árabe» a los rusos. Ellos deben recuperar su posición global, la cual perdieron en el enfrentamiento con la ex Unión Soviética.

Pruebas fotográficas demuestran que científicos rusos se encuentran dirigiendo y supervisando los programas de armas nucleares de Irán.

No hay duda de que se aproxima una colisión nuclear en Oriente Medio. Si Israel bombardea los ocho sitios nucleares de Irán mediante bombas guiadas por láser, que destruyen búnkeres, sin mayores problemas se desatará la guerra de Ezequiel descripta en los capítulos 38-39.

Etiopía y Libia

Etiopía y Libia aparecen utilizadas con dos significados diferentes en el Antiguo Testamento. Había naciones en África conocidas como Etiopía y Libia, y dichos nombres continúan hoy en día. Por otra parte, había dos estados adyacentes a Persia a los que se los conocía como Etiopía y Libia. Cuando Moisés huyó de Egipto, porque había asesinado a un egipcio, se internó en el desierto y allí se casó con una etíope. No se dirigió al sur, hacia la Etiopía africana, sino que fue hacia Etiopía de la península arábica, donde contrajo matrimonio con una etíope que era semita. Por lo tanto, cuando Ezequiel habla de Persia, Etiopía y Libia, está hablando de los estados árabes.

Cuando Ezequiel escribe sobre Rusia en el capítulo 38, versículo 6, habla de «muchos pueblos contigo». Repite esta idea en el versículo 9: «Subirás tú, y vendrás como tempestad; como nublado para cubrir la tierra serás tú y todas tus tropas, y muchos pueblos contigo». Creo que esto es una clara sugerencia de que la influencia de los Estados Unidos sobre las naciones árabes se tornará casi inexistente. No obstante, la influencia de Rusia crecerá drásticamente a medida que unen fuerzas contra Israel hacia el fin de este tiempo.

Vemos a diario el cortejo entre Rusia e Irán en los informes de los medios de comunicación. En un artículo periodístico del 4 de junio de 2005, del *Asia Times Online*, el periodista Jephraim P. Gundzik decía:

> «En los últimos años, algunas..... compañías rusas han enfrentado sanciones norteamericanas por la venta de misiles y tecnología afín a Irán. En vez de aminorar o detener tales ventas, la cantidad de la adquisición y desarrollo en Irán se ha acelerado... Las relaciones de Rusia con Irán se han acrecentado considerablemente en los últimos 18 meses. En adición a la creciente inversión en Irán por parte de Rusia y al intercambio armamentista comercial entre los dos países, Rusia se ha involucrado mucho en la naciente industria de energía

nuclear iraní. Después de muchas disputas e intervención estadounidense, Rusia e Irán han firmado en febrero un acuerdo que aclara la forma de la venta de combustible nuclear de Rusia a la planta de energía nuclear de Irán en Bushehr».[8]

El 10 de agosto de 2005, la *BBC News*, en su edición inglesa, llamó a Rusia «el principal socio de Irán en su política para el desarrollo de energía nuclear».[9]

¿Cuál es la recompensa para los árabes? Ellos creen que su fanática visión islámica de exterminar a los judíos podrá llevarse a cabo gracias a la ayuda de los rusos. Tendrán al alcance de sus manos la posibilidad del control absoluto de Jerusalén como capital del nuevo estado palestino.

Sin embargo, hay un problema que se percibe en el horizonte: Dios Todopoderoso, a quien desafían los rusos y a quien denuncian los islámicos, trajo este eje maligno de poder a Israel para enterrarlo ante los ojos del mundo. La destrucción de Rusia y de sus aliados islámicos va a ser la más poderosa lección que el mundo habrá visto desde aquella en la que el faraón y su ejército fueron ahogados en el Mar Rojo.

Ezequiel les escribe al gobierno ruso y a la coalición ruso-árabe de naciones diciendo:

> «Prepárate y apercíbete, tú y toda tu multitud que se ha reunido a ti, y sé tú su guarda».
>
> EZEQUIEL 38:7

Una mejor traducción para la frase «sé tu guarda» es la siguiente: «Sé un comandante sobre ellos». Ezequiel deja bien en claro que Rusia es quien dirige el ataque.

En el versículo 8, Rusia se dirige a Israel. «De aquí a muchos días serás visitado; al cabo de años [a fines de este tiempo] vendrás a la tierra [Israel] salvada de la espada» (nota aclaratoria del autor). El versículo 11 revela el hecho de que Israel ha hecho un pacto con el falso Mesías de la Unión Europea quien promete paz y seguridad. Sin embargo, la Biblia advierte: «...que cuando digan: Paz y seguridad, entonces vendrá sobre ellos destrucción repentina» (1 Tesalonicenses 5:3).

En Ezequiel 38:11, Rusia está hablando con sus aliados, sugiriéndoles ir a Israel, que es llamada la «tierra de los pueblos sin murallas». Rusia dice:

«Iré allí hacia ellos que están descansando, que viven con seguridad». ¿Por qué está descansando Israel? Porque sus líderes confían en el tratado de paz de siete años que han firmado con la Unión Europea. Estemos alertas a esto, que se transformará en un tema político sensible en los días venideros.

¿CUÁL ES EL ROL DE LOS ESTADOS UNIDOS?

¿Dónde se encuentran los Estados Unidos en este problema? En el versículo 12, Rusia y sus aliados están yendo hacia Israel «para saquear y tomar el botín». Rusia dirigirá sus fuerzas militares hacia Israel desde el norte para tomar la gran riqueza mineral y los recursos naturales que allí se encuentran. Les prometerán a las naciones islámicas el control de Jerusalén y el Templo de Jerusalén. ¿Cuál será la respuesta de los Estados Unidos ante este desvergonzado acto invasor y violador de las riquezas de Israel? Ezequiel lo responde en el versículo 13:

> «Sabá y Dedán, y los mercaderes de Tarsis y todos sus príncipes, te dirán: ¿Has venido a arrebatar despojos? ¿Has reunido tu multitud para tomar botín, para quitar plata y oro, para tomar ganados y posesiones, para tomar grandes despojos?».
>
> EZEQUIEL 38:13

¡Qué respuesta tan ridícula!

Es obvio para las naciones del mundo lo que Rusia y los árabes están haciendo, y, no obstante, el mundo occidental no hace nada en absoluto para detenerlos. ¿Por que los Estados Unidos no responden? Permítanme aventurarme a decir que una vez que los Estados Unidos hayan extendido la guerra en Irak, la próxima administración será probablemente demócrata, y retirará sus fuerzas de Irak, prometiendo alejarse de Oriente Medio en el futuro.

Los Estados Unidos quieren cortas campañas militares con tecnología de avanzada que provoquen conmoción y asombro, y que terminen en Washington DC, en desfiles masivos por la avenida Pensilvania, en televisión nacional, como la que tuvo lugar después de la Tormenta del Desierto. Largas guerras de desgaste, como la de Vietnam, formarán parte de nuestro pasado, y no de nuestro futuro. Cuando los Estados Unidos vean a Rusia y a los árabes dirigiéndose hacia Israel, será una guerra que estará más allá de su voluntad nacional. Rusia y las naciones árabes formarán uno de los ejércitos más poderosos que el mundo jamás haya visto. Tal como dice Ezequiel: «Cubrirá toda la tierra».

Ezequiel deja en claro que la investigación diplomática estadounidense y europea no significará nada para los rusos y los árabes. ¡La invasión ya habrá comenzado! Dicha invasión se describe de la siguiente manera:

> «Y subirás contra mi pueblo Israel como nublado para cubrir la tierra; será al cabo de los días; y te traeré sobre mi tierra, para que las naciones me conozcan, cuando sea santificado en ti, oh Gog, delante de sus ojos».
> EZEQUIEL 38:16 [ÉNFASIS AÑADIDO].

Dios aclara que Él está arrastrando a Rusia y a sus aliados hacia Israel: «Yo los traeré a mi tierra». Cuando Rusia conduzca a sus aliados árabes a Israel, las superpotencias occidentales sólo observarán. Creo que después de muchos años de repetidos actos de brutal terrorismo por parte de los fanáticos islámicos en ciudades como Madrid, España; el 11 de septiembre de 2001, en Nueva York; así como el terrible ataque en los subterráneos de Londres, el 7 de julio de 2005, donde perdieron su vida alrededor de cincuenta personas y hubo cientos de heridos; las naciones occidentales se han vuelto temerosas de atacar alguna fuerza militar rusa o árabe. Cualquiera sea la causa, Ezequiel retrata a Rusia teniendo el dominio total. ¿Por qué? Porque el defensor de Israel, el Dios de Abraham, Isaac y Jacob, tiene un gancho en la mandíbula de Rusia, con el que lo está arrastrando tras Israel para la lección más grandiosa que el mundo jamás haya visto.

Aparecen el alivio y el consuelo en este retrato profético de Ezequiel sobre el mundo de mañana. El mensaje es que Dios posee control total de lo que parece ser una situación sin esperanzas para Israel. Él arrastra a estas naciones antisemitas hacia Israel para que choquen y, entonces, los judíos de Israel confesarán que Él es el Señor. Los Estados Unidos y Europa no salvarán a Israel... ¡lo hará Dios!

Ezequiel revela un día venidero en el que la furia de Dios explotará contra las naciones que han atormentado a su pueblo escogido por tanto tiempo. Ezequiel describe la furia de Dios: «...subirá mi ira y mi enojo» (v. 18).

LAS ARMAS DE GUERRA

Dios destruirá a Rusia y sus aliados árabes con tres armas de guerra que ya antes ha usado en las Escrituras. Estas armas son:

1. un poderoso terremoto
2. la espada de cada hombre contra su propio hermano
3. una lluvia celestial de fuego y azufre

Un día no muy lejano habrá un informe desde la escena de batalla en las noticias vespertinas por la televisión mundial que alcanzará a todas las naciones con las siguientes palabras:

> «Porque he hablado en mi celo, y en el fuego de mi ira: Que en aquel tiempo habrá gran temblor sobre la tierra de Israel; que los peces del mar, las aves del cielo, las bestias del campo y toda serpiente que se arrastra sobre la tierra, y todos los hombres que están sobre la faz de la tierra, temblarán ante mi presencia; y se desmoronarán los montes, y los vallados caerán, y todo muro caerá a tierra. Y en todos mis montes llamaré contra él la espada, dice Jehová el Señor; la espada de cada cual será contra su hermano. Y yo litigaré contra él con pestilencia y con sangre; y haré llover sobre él, sobre sus tropas y sobre los muchos pueblos que están con él, impetuosa lluvia, y piedras de granizo, fuego y azufre».
>
> EZEQUIEL 38:19-22

¿Cuándo utilizó Dios armas similares?

Cuando el gobierno de Moisés fue desafiado por Coré, Datán y Abiram en Números 16, Dios le dijo a Moisés que se alejara de las tiendas de Coré, Datán y Abiram, porque Él iba a darle a Israel una lección que nunca sería olvidada en la historia de la humanidad. Moisés relató la escena:

> «Mas si Jehová hiciere algo nuevo, y la tierra abriere su boca y los tragare con todas sus cosas, y descendieren vivos al Seol, entonces conoceréis que estos hombres irritaron a Jehová. Y aconteció que cuando cesó él de hablar todas estas palabras, se abrió la tierra que estaba debajo de ellos. Abrió la tierra su

boca, y los tragó a ellos, a sus casas, a todos los hombres de Coré, y a todos sus bienes».

NÚMEROS 16:30-32

El mundo se está dirigiendo hacia la segunda lección por parte de Dios. Ezequiel pone en claro que Dios enviará un terremoto que tragará a los enemigos de Israel, justo igual que aquél que tragó a los enemigos de Moisés. Dios utilizará la espada de un hermano en contra del otro, como segunda arma de la guerra. Cuando Dios envió a Gedeón a destruir a los filisteos, Gedeón condujo a su pequeño ejército de trescientos hombres para que hicieran sonar las trompetas y, así, destruir a los lanzadores. Los filisteos blandieron sus espadas unos contra otros en una confusión masiva y se asesinaron entre sí (vea Jueces 7).

Dios traerá esta táctica para hacer la guerra contra Rusia y sus aliados cuando vayan contra Israel. Dios causará confusión entre ellos y comenzarán a pelear unos contra otros, asesinándose unos a otros en la mayor demostración de la historia de fuego aliado.

La tercera arma del arsenal de Dios es el grandioso granizo, el fuego y el azufre. Dos de las más infames ciudades que existieron fueron Sodoma y Gomorra. ¿Por que son famosas? Su fama surge del hecho de que ninguna de ellas existe en la actualidad. Estas son las dos ciudades que Dios bañó con fuego y azufre a causa de su gran pecaminosidad e iniquidad, y ambas fueron borradas de la tierra.

Hasta nuestros días, los geólogos han buscado la ubicación de Sodoma y Gomorra, sin embargo, Dios las ha destruido por completo a fin de que nunca fueran encontradas. Algunos especulan con que han sido enterradas debajo del Mar Muerto, lo cual explicaría el extraño olor a sulfuro y el sabor del agua del Mar Muerto.

Cuando Rusia y sus aliados invadan Israel, y Estados Unidos y Europa no tengan éxito en responder, «el que mora en los cielos se reirá» (Salmo 2:4), ya que Él aplastará a los torturadores rusos y árabes de "la niña de sus ojos". Él los aplastará tal como lo hizo con el Faraón, Amán y Hitler, de modo que Israel y el mundo «sabrán que yo soy Jehová» (Ezequiel 38:23).

11 EL FIN DEL COMIENZO

CUANDO RUSIA Y SUS ALIADOS marchen hacia Israel, querrán hacer una entrada victoriosa. No habrá indicación alguna de lo que les espera. No sabrán que lo que estén haciendo es debido a que Dios ha puesto «ganchos en [sus] mandíbulas», o que Él es quien guía a sus ejércitos, «...de todo en todo equipados, gran multitud con paveses y escudos, teniendo todos ellos espadas» (Ezequiel 38:4).

Sin embargo, en Ezequiel 39, Dios ha revelado el desenlace de tal enfrentamiento con Israel, al decirle a su profeta lo que hará a Rusia y a sus aliados cuando invadan Israel en un futuro cercano.[1]

> «Y te quebrantaré, y te conduciré y te haré subir de las partes del norte, y te traeré sobre los montes de Israel».
>
> EZEQUIEL 39:2

Dios declara que Él exterminará a todo el eje diabólico ruso que invada Israel, excepto una sexta parte de ellos. Serán exterminados cinco de cada seis guerreros. Esto da un índice de mortalidad de 82% en tan sólo unas pocas horas. No hay duda de que el mundo se conmocionará y se asombrará.

Dios continúa con su estrategia diciendo:

> «Y sacaré tu arco de tu mano izquierda, y derribaré tus saetas de tu mano derecha. Sobre los montes de Israel caerás tú y todas tus tropas, y los pueblos que fueron contigo; a aves de rapiña de toda especie, y a las fieras del campo, te he dado por comida. Sobre la faz del campo caerás; porque yo he hablado, dice Jehová el Señor... Y enviaré fuego sobre

Magog, y sobre los que moran con seguridad en las costas; y sabrán que yo soy Jehová».

EZEQUIEL 39:3-4, 6

EL FIN DEL COMIENZO

Este último versículo sugiere que el juicio no sólo recaerá sobre los invasores rusos, sino también sobre los cuarteles generales de tal fuerza y, también, sobre todos aquellos que los apoyen en este ataque a Israel.

Prestemos atención a estas palabras: «Y enviaré fuego sobre Magog, y sobre los que moran con seguridad en las costas». La traducción *«costa»* o *«isla»* en hebreo es `iy. Dicho término fue utilizado por los antepasados con el sentido actual de *continentes*. Utilizado para designar a las civilizaciones gentiles del otro lado del océano, que, por lo general, se encontraban ubicadas sobre las costas: justamente como los Estados Unidos.

Este fuego que Ezequiel ve dirigirse hacia aquellos que viven tranquilos y seguros en las costas podría tomarse como un juicio de Dios, que envía huracanes y tsunamis, o podría describirse como una guerra nuclear mediante un intercambio de misiles nucleares. ¿Podría ser que los Estados Unidos, quienes se niegan a defender a Israel de la invasión rusa, experimenten una guerra nuclear tanto en su costa occidental como en la oriental? Es exactamente allí, donde la mayoría de nosotros vivimos.

¿Por qué Dios permitiría eso? La Biblia da una respuesta clara:

«Bendeciré a los que te bendijeren, y a los que te maldijeren maldeciré».

GÉNESIS 12:3

Justamente ahora, en las universidades más importantes de los Estados Unidos, los profesores, muchos de los cuales deben sus puestos al dinero obtenido gracias al petróleo de Arabia Saudita, atacan a Israel diciendo que es el cáncer del alma de la humanidad. En su libro *The Case for Israel*, Alan Dershowitz cuenta cómo los oradores que están a favor de Israel no son invitados a las universidades, que se jactan de su libertad de expresión.[1] El antisemitismo está vivo y latente en los Estados Unidos.

Importantes compañías estadounidenses están llevando a la ruina a Israel al negarse a comprarles a aquellas compañías o corporaciones que hacen negocios con Israel. Es una postura muy santurrona por parte de los estadounidenses la de apuntar con el dedo a la historia atea de los fanáticos rusos e islámicos... cuando nosotros mismos no estamos sin pecado hacia los judíos e Israel.

¿Cuán extensivo será el juicio de Dios sobre las coaliciones de los invasores rusos? Ezequiel 39:9 establece que le tomará siete años a Israel recolectar y destruir las armas de guerra traídas por los invasores. ¿Cuántas muertes habrá? De acuerdo con los versículos 11 y 12, la muerte física será tan masiva que será necesario que a cada hombre israelí sano le tome siete meses para enterrar a los muertos. Aquellos que se encuentren viajando por Israel de norte a sur tendrán que hacerlo «conteniendo la respiración», a causa del horrible hedor de los cuerpos de los enemigos de Israel destruidos por la poderosa diestra de Dios.

LA APARICIÓN DEL ANTICRISTO

En Apocalipsis 13, hay una descripción del anticristo, que será el líder de la Unión Europea. Esta carismática maravilla política hará estas cosas. Su currículum vitae completo es dado por el profeta Daniel en el capítulo 8.

Este falso Mesías e hijo de Satanás:

1. *«Tendrá un poder demoníaco supernatural para conocer lo desconocido».* La Biblia dice que tendrá «un semblante cruel y un conocimiento de oraciones oscuras», o «comprenderá planes siniestros» (Daniel 8:23). No será posible mantener nada en secreto de él debido a su poder satánico.

2. *«Tendrá la astucia* [o el engaño] *para prosperar»* (v. 25). Hitler llegó al poder en Alemania, porque la economía de Alemania era caótica. Él reconstruyó la economía del país, brindó prosperidad y orgullo a una nación que había sido destruida por el Tratado de Versalles en 1919. Como «Mesías» de Alemania, se transformó en un monstruo, asolando al mundo con el holocausto y trayendo doce años de infierno a la tierra.

   Esta venida del anticristo tendrá lugar en un momento de crisis económica internacional. Tendrá la astucia y el engaño para prosperar. Ningún hombre podrá comprar ni vender nada sin tener la marca de la bestia sobre la mano derecha o sobre la frente (ver Apocalipsis 13:17). Este anticristo controlará la economía del mundo con venganza. La economía mundial prosperará. Luego, tal como Hitler, arrastrará al mundo a la guerra de Armagedón, una batalla tan sangrienta como el mundo jamás habrá visto.

3. *«Hará un pacto de paz de siete años con Israel, que romperá al cabo de tres años y medio».* Él «destruirá a mucha gente que creía estar segura» (Daniel 8:25 NVI). Le dispararán en la cabeza y se recuperará de milagro, imitando la muerte y la resurrección de Jesucristo. Daniel escribe que "destruirá a los poderosos y al pueblo santo" (v. 24). El «pueblo santo» son los judíos. Ellos son los autores de la Palabra de Dios. Ellos procrearon a los patriarcas y a los profetas. Ellos son la fuente del conocimiento de Jesucristo y de los doce discípulos. Sin la contribución judía al cristianismo no habría cristianismo. Cuando el anticristo comience a atacar a los judíos, escaparán hacia Petra en Jordania, donde de manera sobrenatural serán protegidos de este monstruo por el mismo Dios.[2]

4. *Será un orgulloso y malévolo vendedor de influencias.* Este falso Mesías «en su corazón se engrandecerá» (Daniel 8:25). En Apocalipsis 13:5 lo confirma diciendo: «También se le dio boca que hablaba grandes cosas y blasfemias; y se le dio autoridad para actuar cuarenta y dos meses» o tres años y medio. Este demoníaco líder mundial creará un gobierno mundial, una moneda mundial y una religión mundial. Basta con ser un simple observador casual para darse cuenta de que estos tres eventos son cosas que están casi por realizarse.

5. *Se opondrá al mismo Jesucristo.* «Y se levantará contra el Príncipe de los príncipes...» (Daniel 8:25). En la batalla de Armagedón, este hijo de Satanás, este falso Mesías con un enorme poder demoníaco, se opondrá al mismo Jesucristo. Sin embargo, ¡no tendrá éxito! Será derrotado y arrojado en un abismo por el Conquistador del Calvario.

¿CUÁNDO SUCEDE ESTO?

En 1 Tesalonicenses 4:13-18, el apóstol Pablo describe el éxtasis de la Iglesia cuando encuentre al Señor en el aire. Tres años y medio después de que esto suceda, al Anticristo, que será el líder de la Unión Europea, le será otorgado poder de «cada tribu, lengua y nación» (Apocalipsis 13:7).

¿Cómo es posible que este hombre tenga tal poder sobre todo el mundo? Hay una única razón: Rusia, rey del norte, y los Estados Árabes, rey del sur, habrán sido destruidos en las colinas de Israel para ese entonces. Cualquiera que pudiera desafiar el derecho del Anticristo a gobernar sobre todo el mundo, habrá desaparecido. Como jefe de la Unión Europea, él representa al rey del oeste.

ESTO SUGIERE LA SIGUIENTE SECUENCIA DE EVENTOS EN EL FUTURO PRÓXIMO:

1. Israel o los Estados Unidos deberán enfrentarse a Irán en lo que respecta a su programa de armas nucleares. Si es necesario que Israel o los Estados Unidos utilicen las fuerzas militares para garantizar la seguridad de Israel, y no atacan ocho zonas nucleares a la vez, entonces, la guerra de Ezequiel seguirá a partir de entonces.

2. Cuando Rusia y sus aliados sean destruidos en las colinas de Israel por la mano de Dios, habrá un vacío de poder. En este momento, el rey del oeste, el jefe de la Unión Europea, el anticristo, este falso Mesías de Israel, entrará en escena y constituirá un único gobierno mundial y una única religión mundial. Por un breve período, será el un único dictador mundial.

3. Esto dejará al rey del este, que es China. La economía de China está estallando. El gigante durmiente está despierto y posee la economía capitalista más competitiva del mundo. Muchos de mis socios de negocios, algunos de los cuales son millonarios, confiaron en mí y me dijeron: «Las mayores oportunidades económicas se encuentran en China». El año pasado los estadounidenses gastaron 162 mil millones de dólares más en mercadería de China que en productos de los Estados Unidos.[3] El Secretario de Defensa Ronald Rumsfeld dijo recientemente que el presupuesto militar de China es mucho mayor del que declaran. Luego, Rumsfeld musitó: «Ya que ninguna nación amenaza a China, uno debe preguntarse: ¿por qué esta creciente inversión?»[4]

CHINA: EL REY DEL ESTE

La Biblia nos advierte sobre la creciente importancia venidera de este rey del este. Apocalipsis 16:12 dice: «El sexto ángel derramó su copa sobre el gran río Eufrates; y el agua de éste se secó, para que estuviese preparado el camino a los reyes del oriente».

Juan el Revelador describió a un increíble ejército de doscientos millones de soldados de Oriente, marchando por el seco lecho del río Éufrates hacia Israel. ¿Por qué haría China esta maniobra? China también desea el petróleo árabe. Cuando los Estados Unidos entraron en guerra con Irak en 2003, China comenzó a hacer un enorme cambio en su política referente al petróleo. Hasta entonces, la mayor parte del petróleo de China provenía de Irak. Sin embargo, con el ingreso de los Estados Unidos en Irak, China dejó de poner «todas sus fichas» en el único casillero de las reservas petroleras de Irak. «Irak cambió la forma de pensar del gobierno», dijo Pan Rui, experto en relaciones internacionales de la Universidad de Fundan de Shangai.[5]

Mientras escribo este libro, China, con gran descaro, intentó comprar una de las más destacadas compañías petroleras de los Estados Unidos. Si hubieran tenido éxito, tal compra hubiera sido un terrible golpe para nuestra seguridad nacional. Los dos reyes que permanecen en la tierra a esta altura de la profecía son el rey del oeste, el cual está regido por el anticristo, y el rey del este, que es China. Estos dos reyes y sus ejércitos se enfrentarán en una batalla por la supremacía mundial, y el campo de batalla será en un lugar de Israel llamado *Armagedón*.

LA BATALLA DE ARMAGEDÓN

Juan el Revelador describe la madre de todas las guerras: la batalla final de la tierra en Armagedón.

> «Y vi salir de la boca del dragón, (Satán) y de la boca de la bestia, (el Anticristo) y de la boca del falso profeta, (el líder religioso del anticristo) tres espíritus inmundos a manera de ranas; pues son espíritus de demonios, que hacen señales, y van a los reyes de la tierra en todo el mundo, para reunirlos a la batalla de aquel gran día del Dios Todopoderosos he aquí, yo vengo como ladrón. Bienaventurado el que vela, y guarda

sus ropas, para que no ande desnudo, y vean su vergüenza. Y los reunió en el lugar que en hebreo se llama Armagedón».

Este pasaje cuenta que la trinidad satánica que consiste en Satanás, su hijo el Anticristo y el líder espiritual demoníaco llamado el falso profeta incita a las naciones del mundo a la guerra. Esta incitación será para todas las naciones a excepción de aquellas aliadas con China. Todas las naciones deberán enviar a sus ejércitos hacia Israel para destruir a China, la última súper potencia que queda en el mundo, el rey del este.

Sin lugar a dudas, los Estados Unidos, Canadá, y los países de Sudamérica, Australia y Europa, enviarán sus representantes. Estos ejércitos se unirán para la batalla en Armagedón, o «Har-Magedon».

¿DÓNDE QUEDA ARMAGEDÓN?

Muchas veces he estado en Israel, en el mismísimo lugar que en un día no muy lejano estará cubierto por la sangre derramada de las venas de los ejércitos del mundo.

Tal como lo explicó nuestro guía turístico durante veinticinco años, Mischi Neubach, *Har-Magedon* significa «el monte de Megiddo». Uno puede pararse allí y mirar a través del valle de Jezreel hasta donde le alcance la vista.

En 1799, Napoleón se paró en Megiddo antes de la batalla que frustró su intento por conquistar Oriente y reconstruir el imperio romano. Mientras contemplaba la enorme planicie de Armagedón, el mariscal declaró: «Todos los ejércitos del mundo podrían guiar a sus hombres en esta vasta planicie».[6] En el Antiguo Testamento, este valle es llamado «el valle de Josafat». Joel dice: «reuniré a todas las naciones, y las haré descender al valle de Josafat,» (Joel 3:2). Joel describe la batalla de Armagedón:

«Proclamad esto entre las naciones, proclamad guerra, despertad a los valientes, acérquense, vengan todos los hombres de guerra. Forjad espadas de vuestros azadones, lanzas de vuestras hoces; diga el débil: Fuerte soy. Juntaos y venid, naciones todas de alrededor, y congregaos; haz venir allí, oh Jehová, a tus fuertes. Despiértense las naciones, y suban al valle de Josafat; porque allí me sentaré para juzgar a todas las naciones de alrededor. Echad la hoz, porque la mies está ya

madura. Venid, descended, porque el lagar está lleno, rebo-
san las cubas; porque mucha es la maldad de ellos».

JOEL 3:9–13

En el libro del Apocalipsis o Revelación, Juan cuenta que la sangre flui-
rá hasta la brida de un caballo por mil seiscientos estadios, lo que equivale
a aproximadamente 320 km. (vea Apocalipsis 14:20). ¡Será un mar de sangre humana!

Echemos un vistazo al mapa de Israel. Desde la parte norte hasta su
punto más al sur hay alrededor de 320 kilómetros. ¿El mensaje? ¡El campo
de batalla cubrirá la totalidad de Israel!

Está más allá de la comprensión humana, imaginar un mar de sangre
humana que brote de las venas de los seguidores del plan de Satanás para
tratar de exterminar a los judíos y evitar que Jesús regrese a la tierra. Sin
embargo, en nuestra mente, tratemos de imaginar a los ejércitos del
mundo, armados hasta los dientes, representando cientos de millones de
hombres ansiosos por asesinarse unos a otros.

Cuando esta gran batalla comience, el rey del este y el rey del oeste se
encontrarán en Israel para luchar por el control del planeta Tierra. Justo en
ese momento, sucederá lo inesperado.

LA GUERRA DE LOS MUNDOS

Antes de que estos magníficos ejércitos puedan preparar sus armas para la
embestida, habrá una inesperada invasión que el planeta Tierra nunca
antes habrá visto. No se trata de una invasión desde el norte, el sur, el este
o el oeste. Esta invasión será desde el mismo cielo.

Juan describe esta gran invasión con las siguientes palabras:

> «Entonces vi el cielo abierto; y he aquí un caballo blanco, y el
> que lo montaba se llamaba Fiel y Verdadero, y con justicia
> juzga y pelea. Sus ojos eran como llama de fuego, y había en
> su cabeza muchas diademas; y tenía un nombre escrito que
> ninguno conocía sino él mismo. Estaba vestido de una ropa
> teñida en sangre; y su nombre es: EL VERBO DE DIOS. Y
> los ejércitos celestiales, vestidos de lino finísimo, blanco y
> limpio, le seguían en caballos blancos. De su boca sale una

espada aguda, para herir con ella a las naciones, y él las regirá con vara de hierro; y él pisa el lagar del vino del furor y de la ira del Dios Todopoderoso. Y en su vestidura y en su muslo tiene escrito este nombre: REY DE REYES Y SEÑOR DE SEÑORES».

APOCALIPSIS 19:11–16

En ese mismo instante, el anticristo y el rey del este olvidarán sus hostilidades. En el versículo 19, Juan dice que el anticristo y sus ejércitos se reunirán «...para guerrear contra el que montaba el caballo, y contra su ejército». Será el mismo Jesús de Nazaret quien se siente sobre el caballo blanco. En esta gran batalla, el Rey de reyes y Señor de señores capturará al anticristo y al falso profeta, y los arrojará vivos al lago de fuego ardiente.

Leamos lo que sucede a continuación: «...los demás fueron muertos con la espada que salía de la boca del que montaba el caballo, y todas las aves se saciaron de las carnes de ellos» (v. 21).

En el año 2006, nos encontramos al borde de los mejores y peores tiempos. Son los peores, porque el hombre se está rebelando contra Dios, y a causa de su plan para Israel, es necesario que Dios se enfrente a los enemigos de Israel.

«He aquí, no se adormecerá
ni dormirá el que guarda a Israel».

SALMO 121:4

Justo frente a nosotros se encuentra la cuenta regresiva nuclear con Irán, seguida de la guerra de Ezequiel, y luego, la batalla final: la batalla de Armagedón. El fin del mundo tal como lo conocemos se aproxima a pasos agigantados. No obstante, a pesar de ello, Dios nos promete «... todo Israel será salvo...» (Romanos 11:26).

El hijo de David, el rey Jesús, gobernará y reinará por mil años en la era de oro de la paz de Jerusalén. Regocíjense y estén alegres... lo mejor está por venir.

Sección 4

¿CUÁL ES LA PERSPECTIVA CRISTIANA?

Esta parte del libro le dará la gloriosa oportunidad de leer sobre la posición de Dios acerca de los judíos. Daremos saltos sobre los picos montañosos de la historia, y luego nos zambulliremos en la historia profética de Dios para Israel y el pueblo judío. Estamos aproximándonos rápidamente al día y la hora en las cuales Dios cumplirá la profecía de Zacarías 12:10 que dice: «Pero sobre la casa de David y los habitantes de Jerusalén derramaré un espíritu de gracia y oración...». El Dios de Abraham, Isaac y Jacob se está preparando para derramar sus bendiciones sobre Israel y el pueblo judío después de miles de años de sufrimiento.

12

EL MAGNÍFICO CODICILO

L A CARTA DE PABLO a los cristianos en Roma tiene la estructura literaria del escrito de un abogado, estableciendo y presentando las peticiones en su caso con cuidado y precisión ante el Juez de Jueces. La epístola de Pablo a los Romanos representa los Alpes del pensamiento teológico. Romanos 9:11 expande la mente y es la asombrosa cumbre de la revelación de Dios al hombre.

Romanos 9-11 ha sido desde siempre la prueba ácida de la exégesis paulina. Esta maravillosa cumbre de pensamiento teológico nos obliga a examinar las ventajas históricas del judaísmo, el libre albedrío, y la elección divina y preguntarnos: ¿Qué está haciendo Dios con Israel hoy y por qué?

Al entrar en el siglo XXI, el Estado de Israel ha sido reunido bajo la poderosa diestra de Dios y florece como la única democracia del Medio Oriente. ¿Cómo hemos de tratar las promesas de Dios hacia Israel y el pueblo judío? Algunos evangélicos enseñan que Dios ha reemplazado a Israel. Esta es una teología antisemita que se niega a creer que Dios todavía tiene un lugar en su corazón para Israel y el pueblo judío. Algo que es sustituido desaparece para que nunca más se escuche hablar de él. Se extingue, como Sodoma y Gomorra, que están por siempre enterradas. ¿Cómo algo que ha sido reemplazado puede funcionar con tanto dinamismo y vitalidad? La nación de Israel domina las noticias.

En Romanos 11:5, Pablo habla de un «remanente». Nadie puede estudiar las escrituras de Pablo, sin una concienciación del desafío a la interpretación bíblica que representa el holocausto. En el versículo 5, ¿son los sobrevivientes del holocausto los mencionados como el «remanente», los cuales pueden ser literalmente traducidos como «sobrevivientes»? En el versículo 26, Pablo declara en forma osada, «luego todo Israel será salvo». En los versículos 25-26 habla de un «misterio», uno que nunca es explicado.

Estoy completamente consciente de que muy pocos pastores o maestros de la Biblia predican o enseñan desde este campo minado. ¿Por qué? Porque la complejidad de Romanos 9-11 es difícil, y los versículos nos llevan en direcciones que nos incomodan. Cuando estamos obligados por una preponderancia de verdad a aceptar una posición que nuestra denominación rechaza, es más fácil ignorar la Escritura que interpretarla. Las enseñanzas de Pablo en Romanos 9-11 le expandirán la mente, y la expansión de la mente, como cualquier otro riguroso ejercicio, puede ser doloroso.

Los diamantes no se encuentran en el polvo; están enterrados en lo profundo del pecho de la tierra, y su descubrimiento trae una gran recompensa. Pablo le dijo a Timoteo: «Toda la Escritura es inspirada por Dios» (2 Timoteo 3:16). Ningún cristiano es más poderoso que su conocimiento de la Palabra de Dios. ¡Ahora, comencemos juntos a excavar en busca de diamantes!

¡Empecemos desde el principio!

Inicialmente, entendamos que esto no tiene la intención de ser un tratado teológico exhaustivo sobre estos capítulos titánicos. Para que tal discurso pueda ser cubierto de la forma adecuada se requeriría de varios cientos de páginas.

Hay diez pensamientos básicos que me gustaría plantar en la tierra fértil de su mente para que las considere en oración. Antes de que tire este libro al fuego, lea la sección completa, porque se irán armando las piezas del rompecabezas. Los diez conceptos son los siguientes:

1. *Romanos 9-11 es un magnífico codicilo teológico, es un documento único.* Cuando un abogado hace un testamento, y desea agregar algo una vez que éste está terminado, la porción de texto que se agrega se llama codicilo. El codicilo modifica el documento original y se convierte en una parte del todo. Romanos 9-11 es un codicilo divino escrito por San Pablo que trata de la posición de Dios, posterior al calvario, en cuanto al pueblo judío.

2. *Existen ocho evidencias bíblicas que indican que este documento único, este codicilo, no podría estar refiriéndose a nadie más que al pueblo judío.*

3. *¿Quién es judío?* Hasta este día, este es un tema muy controversial tanto en Israel como en el resto del mundo.

4. **También existe la descomunal y controversial doctrina de elección; que Dios elige salvar a algunos y permite que otros se pierdan.** Voy a presentarla porque creo que esta doctrina es aplicable de forma exclusiva al pueblo judío y no se aplica a los creyentes gentiles. Repito: Todavía no tire este libro al fuego.

5. *¿Ha rechazado Dios a Israel?* Exploraremos este concepto.

6. *¿Están todos los judíos eternamente perdidos?* Ningún cristiano entre diez mil podría responder a esta pregunta correctamente.

7. *¿Por qué Dios judicialmente enceguecó al pueblo judío sobre la identidad del Mesías?* Este concepto es totalmente ajeno a los evangélicos.

8. *Al examinar las raíces históricas del cristianismo, ¡descubrimos que son judías!*

9. *Una mirada rápida al futuro de Israel* revela el «misterio» que Pablo se negaba a develar en Romanos capítulo 11.

10. **San Pablo declara en forma osada: «Todo Israel será salvo».** Este es el concepto final que exploraremos.

Volvamos al primer concepto, que Romanos 9 -11 es un codicilo teológico, lo cual lo convierte en un documento único. Una lectura casual de Romanos nos revela el hecho obvio de que Romanos capítulos 1 hasta el 8 representan un mismo tema – la justificación y santificación. Cada capítulo está conectado y fluye con este tema específico.

Al continuar leyendo, es muy obvio que los capítulos 9, 10 y 11 no tienen nada que ver con los capítulos 1 al 8, ó 12 al 16.

Los capítulos 9 al 11 son completamente únicos en su tema, el cual es el pueblo judío. Estos capítulos son un inserto legal separando los capítulos 1 al 8 de los capítulos 12 al 16. El hecho es que Romanos 9-11 es un documento único que representa la posición divina hacia los judíos posterior al calvario. Cuando comprobamos este punto, existe el hecho de que Romanos 12–16, sin ningún inconveniente, podría seguir la línea de pensamiento y estructura de Romanos 1–8 sin quebrar la fluidez de la tesis de Pablo.

Luego de aceptar Romanos 9-11 como un documento único, elijo pues, interpretar este documento teológico que trata de los principios de hermenéutica, que es la ciencia de interpretar las Escrituras.

Para poder hacerlo debemos atender a lo siguiente:

1. ¿Quién escribió este documento?
2. ¿A quién le fue escrito?
3. ¿Para qué propósito fue escrito?
4. Toda la Escritura debe ser interpretada por otra Escritura para evitar errores humanos u opiniones objetivas.

Nos estamos preparando para nadar en una rápida corriente teológica. Lo que aquí se presenta no puede ser mi opinión —debe ser el sí y el amén de la sagrada Palabra de Dios.

Las respuestas a 1, 2 y 3 son: el Libro de Romanos fue escrito por San Pablo a los cristianos en Roma para explicarles la posición de Dios en cuanto al pueblo judío (Romanos 11:1-11), y el plan de salvación de Dios para Israel (v. 26).

GRAN TRISTEZA PARA UN GRAN PUEBLO: ROMANOS 9:1-4

> Verdad digo en Cristo, no miento y mi conciencia me da testimonio en el Espíritu Santo, que tengo gran tristeza y continuo dolor en mi corazón, porque deseara yo mismo ser anatema, separado de Cristo, por amor a mis hermanos los que son mis parientes según la carne; que son israelitas, de los cuales son la adopción, la gloria, el pacto, la promulgación de la ley, el culto y las promesas. A ellos también pertenecen los patriarcas, de los cuales, según la carne vino Cristo, el cual es Dios sobre todas las cosas, bendito por los siglos. Amén.
>
> ROMANOS 9:1-4

En el capítulo 8, Pablo nos lleva a las estrellas con su emocional oración de que nada puede separar a un creyente del amor de Dios. Luego, tan rápido como el relámpago se mueve de este al oeste, su humor cambia radicalmente cuando comienza el capítulo 9, diciendo: «Tengo gran tristeza, y continuo dolor en mi corazón por el pueblo judío».

Recuerde que los judíos odiaban a Pablo. Lo consideraban un traidor al judaísmo. Pablo nos dice: «De los judíos cinco veces he recibido cuarenta azotes menos uno» agregando que estaba en «peligros de los de mi nación». (2 Corintios 11:24, 26).

Así como Jesús lloró por Israel al acercarse la invasión romana que destruiría el templo, demolería Jerusalén, y teñiría de rojo las calles con sangre judía (Lucas 19:41-44), de esta forma San Pablo sentía gran tristeza por el pueblo judío, hasta el punto de querer ser puesto bajo la maldición de Dios, si esto ayudase a sus hermanos, su propia gente, su propio cuerpo y sangre, el pueblo de Israel.

Pablo respondió como lo hizo Moisés, cuando Israel construyó el becerro de oro mientras Dios le entregaba los Diez Mandamientos en la cima del Monte Sinaí. Moisés oró: «Puesto que este pueblo ha cometido un gran pecado al hacerse dioses de oro, te ruego que perdones ahora su pecado, y si no, bórrame del libro que has escrito» (Éxodo 31:31-32). El «libro» del cual Moisés hablaba no es otro que el Libro de la Vida de Apocalipsis 20:12.

Muchos cristianos no saben que todos los judíos del Torá en los días sagrados (Rosh Hashana y Yom Kippur) van a la sinagoga donde la liturgia llama a los judíos a orar para que sus pecados sean perdonados y sus nombres escritos en el Libro de la Vida.

LAS OCHO EVIDENCIAS DE PABLO SOBRE EL PUEBLO JUDÍO

Existen ocho evidencias bíblicas que indican que Romanos 9-11 se refiere exclusivamente al pueblo judío. Consideremos cada una brevemente:

1. Adopción como hijos

La nación de Israel fue hecha hija de Dios, lo cual está claramente confirmado en Éxodo 4:22: «*Israel es mi hijo*, mi primogénito» (énfasis agregado). La palabra griega usada en Romanos 4:4 para hijos es la misma usada en Romanos 8:16: «El Espíritu mismo da testimonio a nuestro espíritu, de que somos hijos de Dios».

Solamente Israel recibe la gloria, los pactos, la Ley, las instrucciones para un tabernáculo de adoración, y las promesas. De ellos son los patriarcas, los profetas y en última instancia, son la fuente humana de Jesucristo. Sólo Israel es llamada por Dios como «mi hijo».

2. La divina gloria

Sólo el pueblo judío experimenta la gloria *shekinah*, la cual significa «la gloriosa presencia de Dios». Esto era visible en la columna de fuego que guió a Israel desde Egipto hasta la Tierra Prometida. (Ver Éxodo 13:21; 33:9; Números 12:5; 14:14.)

Esta visible presencia de Dios se hace presente en el tabernáculo en el desierto (Éxodo 40:36-38) y en el templo cuando fue construido en Jerusalén (Ezequiel 1:28; 3:23; 9:3). La presencia de Dios regresará a Jerusalén cuando el Mesías domine la tierra desde el Monte del Templo, dando la entrada a la Era de Oro de la Paz. No habrá necesidad de la luna o de las estrellas por la noche o del sol durante el día. La manifiesta presencia de Dios de la presencia del Mesías hará que la ciudad de Jerusalén brille por siempre con la gloria *Shekinah*.

3. Los pactos son de ellos

El Dios de la Biblia es un Dios de pactos, y Él nunca rompe el pacto. Moisés nos dice:

> Conoce, pues, que Jehová, tu Dios, es Dios, Dios fiel, que guarda el pacto…hasta por mil generaciones.
>
> DEUTERONOMIO 7:9

Los pactos que Dios hace con su pueblo son eternos, sin final, y hoy traducidos como «más largos que por siempre». Estos pactos no están basados en la fidelidad del hombre hacia Dios; están basados en la fidelidad de Dios hacia el hombre. Aquellos que enseñan que Dios ha quebrantado el pacto con el pueblo judío enseñan una falsa doctrina basada en la ignorancia de las Escrituras y una actitud narcisista.

Dios hizo un pacto con Abraham diciendo:

> Haré de ti una nación grande
> Te bendeciré
> Engrandeceré tu nombre
> Y serás bendición,
> Bendeciré a los que te bendigan,
> Y a los que te maldigan maldeciré;
> Y serán benditas en ti todas las familias de la tierra.
>
> GÉNESIS 4:2-3

Dios hizo un pacto de sangre con Abraham, dándole a él y a sus descendientes la tierra de Israel (Génesis 15:9-21). Ese pacto fue renovado en Génesis 17:7-14 y otra vez en Génesis 22. Este pacto fue extendido a Isaac y a Jacob en Betel (ver Génesis 28, Éxodo 2:24; 6:3-5.)

Dios le dio un pacto al rey David en el Salmo 105:8-11, sobre el derecho judío a ser dueño y tomar posesión de Israel para siempre. Entonces Dios le dio un pacto a David que su «trono estaría establecido por siempre» (2 Samuel 7:12-13; 16). Esto era una referencia a Jesucristo, quien fue introducido en su ministerio como el «hijo de David». En el futuro, Él gobernará sobre la tierra por siempre desde la ciudad de Jerusalén, y «que se doble toda rodilla...y toda lengua confiese que Jesucristo es el Señor, para la gloria de Dios Padre» (Filipenses 2:10-11).

El concepto de pacto es tan importante en el plan de Dios para el hombre que es mencionado 253 veces en el Antiguo Testamento. Pacto es la tierra en la cual cada flor crece en la Escritura, Dios no hace nada importante sin un pacto. Los cristianos que enseñan que Dios rompió el pacto con el pueblo judío, no pueden tener ninguna confianza en que Dios no quebrará el pacto con los gentiles.

4. El recibimiento de la Ley

La Ley es en realidad el Torá... la palabra escrita de Dios. Es un malentendido para los cristianos llamarlo «la Ley de Moisés». No es la Ley de Moisés, es la Ley de Dios dada a Moisés en el Monte Sinaí para que toda la humanidad la lea, le dé honra y le obedezca.

Cuando Pablo escribió su carta a los Romanos, la Torá existía ya hace más de 1,300 años. ¡Piense en eso! Estados Unidos sólo existe desde hace 229 años.

El momento en que Dios le entregó a Moisés la Torá en la cima del Monte Sinaí, allí fue donde lo divino y eterno se encontró con lo humano y temporal. Es importante para los cristianos recordar que Jesús fue un rabino quien se presentó a sí mismo como la Torá viviente, la «Palabra de Dios».

En el principio [Génesis 1:1] era el Verbo [Torá], y el verbo era Dios. Este estaba en el principio con Dios...Y el verbo se hizo carne [Jesucristo de Nazaret] y habitó entre nosotros lleno de gracia y verdad y vimos su gloria, gloria como del unigénito del Padre.

Juan1:1, 14 [NOTA ACLARATORIA]

La Torá le fue dada al pueblo judío miles de años antes de que los gentiles se enteraran de su existencia.

5. Alabanza del templo

La alabanza del templo se refiere al elaborado grupo de reglas para la construcción del templo, como así también para el exacto sistema de sacrificios que limpiaría el pecado de Israel.

El simbolismo del templo es un retrato físico del plan de Dios para el hombre. El templo estaba rodeado por una cerca de tela blanca, simbolizando la santidad y la separación del mundo.

La entrada al complejo el templo tenía sólo una puerta, como Jesucristo dijo de sí mismo: «Yo soy la puerta: el que por mí entre será salvo» (Juan 10:9). Las puertas del templo eran muy anchas cumpliendo las palabras de Jesús: «Si alguno quiere venir….» (Marcos 8:34).

Lo primero que se encontraba adentro era la fuente para el lavatorio de manos. Era necesario que una persona se purificara para poder acercarse al altar para recibir el perdón de los pecados. La fuente estaba rodeada de espejos para que uno se pudiese ver al lavarse las manos: «Examinaos a vosotros mismos, para ver si estáis en la fe» (2 Corintios 13:5).

Luego estaba el altar donde el sacrificio era presentado ante Dios por el sacerdote. Era un recordatorio diario para todo Israel que «sin derramamiento de sangre no hay remisión» (Hebreos 9:22).

Luego estaba el templo en sí, cuyo simbolismo y proceso de expiación merecen un libro por sí mismos. Si no entendemos el mensaje de Dios a la humanidad a través del simbolismo del tabernáculo, no entendemos la Palabra de Dios. Tengo una enseñanza de seis horas de duración sobre el tabernáculo que le dará una pequeña vista a la gloria y a la ilimitada majestad del Dios de Abraham, Isaac, y Jacob.

Fue sólo al pueblo judío que Dios le dio el templo y las revelaciones insondables acerca del plan de Dios para el hombre.

6. Las promesas

El Antiguo Testamento está lleno de promesas de distintos tipos, pero «las promesas» en Romanos 9:4 se refieren a las promesas de redención que serán cumplidas por el Mesías, que es Jesucristo. San Pablo lo dice bien claro en Gálatas 3.

Fue Moisés quien nos dio el primer extenso retrato de la venida del Mesías. En Deuteronomio 18:18-19, Moisés trae a Israel la siguiente promesa de Dios:

> Profeta les levantaré de en medio de sus hermanos, como tú; y pondré mis palabras en su boca, y él les hablará todo lo que yo le mandare. Mas a cualquiera que no oyere mis palabras que Él hablare en mi nombre, yo le pediré cuenta.

En Hechos 3:22-26, el apóstol Pablo explica cómo esta profecía de Moisés se aplica a Jesucristo de Nazaret como el Mesías de Israel.

> Porque Moisés dijo a los padres: El Señor vuestro Dios os levantará profeta de entre vuestros hermanos, como a mí; a él oiréis en todas las cosas que os hable; y toda alma que no oiga a aquel profeta, será desarraigada del pueblo. Y todos los profetas desde Samuel en adelante, cuantos han hablado, también han anunciado estos días. Vosotros sois los hijos de los profetas, y del pacto que Dios hizo con nuestros padres, diciendo a Abraham: En tu simiente serán benditas todas las familias de la tierra. A vosotros primeramente, Dios, habiendo levantado a su Hijo, lo envió para que os bendijese, a fin de que cada uno se convierta de su maldad.

Moisés estableció tres hechos:

1. *Dios prometió a Israel que iba a enviar un determinado profeta en un tiempo más adelante.* El lenguaje que usa Moisés es particular a través de todo el pasaje: «profeta»...«a el oiréis»...«todas las cosas que os hable». Estas palabras no podrían describir a los profetas que vinieron mas tarde a Israel. Se refieren a un profeta en general.
2. *Este profeta tendría autoridad única.* Si cualquiera en Israel se rehusaba a oír a este profeta, Dios traería su juicio sobre esa persona.
3. *Este profeta sería como Moisés en formas que lo distinguirían de los demás profetas.* Una cuidadosa comparación de la vida de los dos hombres nos revela muchos paralelos claros entre las vidas de Moisés y de Jesús.

Paralelos entre Moisés y Jesús

1. Tanto Moisés como Jesús nacieron en un período durante el cual Israel estaba bajo un reinado extranjero.

Entretanto, se levantó sobre Egipto un nuevo rey que no conocía a José; y dijo a su pueblo…Entonces pusieron sobre ellos comisarios de tributos que los molestasen con sus cargas; y edificaron para Faraónlas ciudades de almacenaje, Pitón y Ramsés.

Éxodo 1:8,11

Aconteció en aquellos días, que se promulgó un edicto de parte de Augusto César, que todo el mundo fuese empadronado. Este primer censo se hizo siendo Cirenio gobernador de Siria. E iban todos para ser empadronados, cada uno a su ciudad. Y José subió de Galilea, de la ciudad de Nazaret, a Judea, a la ciudad de David, que se llama Belén, por cuanto era de la casa y familia de David; para ser empadronado con María su mujer, desposada con él, la cual estaba encinta.

Lucas 2:1-5

2. Crueles reyes decidieron que Moisés y Jesús deberían morir siendo niños.

Y habló el rey de Egipto a las parteras de las hebreas, una de las cuales se llamaba Sifra, y otra Fúa, y les dijo: Cuando asistáis a las hebreas en sus partos, y veáis el sexo, si es hijo, matadlo; y si es hija, entonces viva. Pero las parteras temieron a Dios, y no hicieron como les mandó el rey de Egipto, sino que preservaron la vida a los niños.

Éxodo 1:15-17

Herodes entonces, cuando se vio burlado por los magos, se enojó mucho, y mandó matar a todos los niños menores de dos años que había en Belén y en todos sus alrededores, conforme al tiempo que había inquirido de los magos.

Mateo 2:16

3. La fe de los padres de Moisés y Jesús les salvó las vidas.

La que concibió, y dio a luz un hijo; y viéndole que era hermoso, le tuvo escondido tres meses. Pero no pudiendo ocultarle más tiempo, tomó una arquilla de juncos y la calafateó con asfalto y brea, y colocó en ella al niño y lo puso en un carrizal a la orilla del río. Y una hermana suya se puso a lo lejos, para ver lo que le acontecería.

ÉXODO 2:2-4

Después que partieron ellos, he aquí un ángel del Señor apareció en sueños a José y dijo: Levántate y toma al niño y a su madre, y huye a Egipto, y permanece allá hasta que yo te diga; porque acontecerá que Herodes buscará al niño para matarlo. Y él, despertando, tomó de noche al niño y a su madre, y se fue a Egipto,

MATEO 2:13-14

4. Tanto Moisés como Jesús encontraron protección por un tiempo con el pueblo de Egipto.

Cuando el niño creció, ella lo trajo a la hija de Faraón, la cual lo prohijó, y le puso por nombre Moisés, diciendo: Porque de las aguas lo saqué.

ÉXODO 2:10

Y él, despertando, tomó de noche al niño y a su madre, y se fue a Egipto, y estuvo allá hasta la muerte de Herodes; para que se cumpliese lo que dijo el Señor por medio del profeta, cuando dijo: De Egipto llamé a mi Hijo.

MATEO 2:14-15

5. Ambos, Moisés y Jesús demostraron sabiduría excepcional y entendimiento.

Y fue enseñado Moisés en toda la sabiduría de los egipcios; y era poderoso en sus palabras y obras.

HECHOS 7:22

Y aconteció que tres días después le hallaron en el templo, sentado en medio de los doctores de la ley, oyéndoles y preguntándoles. Y todos los que le oían, se maravillaban de su inteligencia y de sus respuestas.

LUCAS 2:46-47

6. Las personalidades de Jesús y Moisés se caracterizaban por la mansedumbre y humildad.

Y aquel varón Moisés era muy manso, más que todos los hombres que había sobre la tierra.

NÚMEROS 12:3

[Jesús dijo] Venid a mí todos los que estáis trabajados y cargados, y yo os haré descansar. Llevad mi yugo sobre vosotros, y aprended de mí, que soy manso y humilde de corazón; y hallaréis descanso para vuestras almas; porque mi yugo es fácil, y ligera mi carga.

Mateo 11:28-30

7. Moisés y Jesús eran completamente fieles a Dios.

No así a mi siervo Moisés, que es fiel en toda mi casa.

Números 12:7

Por tanto, hermanos santos, participantes del llamamiento celestial, considerad al apóstol y sumo sacerdote de nuestra profesión, Cristo Jesús; el cual es fiel al que le constituyó, como también lo fue Moisés en toda la casa de Dios. Porque de tanto mayor gloria que Moisés es estimado digno éste, cuanto tiene mayor honra que la casa el que la hizo. Porque toda casa es hecha por alguno; pero el que hizo todas las cosas es Dios. Y Moisés a la verdad fue fiel en toda la casa de Dios, como siervo, para testimonio de lo que se iba a decir; pero Cristo como hijo sobre su casa, la cual casa somos nosotros, si retenemos firme hasta el fin la confianza y el gloriarnos en la esperanza.

Hebreos 3:1-6

8. Moisés y Jesús fueron rechazados por Israel durante un tiempo.

Viendo el pueblo que Moisés tardaba en descender del monte, se acercaron entonces a Aarón, y le dijeron: Levántate, haznos dioses que vayan delante de nosotros; porque a este Moisés, el varón que nos sacó de la tierra de Egipto, no sabemos qué le haya acontecido.

Éxodo 32:1

Y respondiendo el gobernador, les dijo: ¿A cuál de los dos queréis que os suelte? Y ellos dijeron: A Barrabás. Pilatos les dijo: ¿Qué, pues, haré de Jesús, llamado el Cristo? Todos le dijeron: ¡Sea crucificado!

Mateo 27:21-22

9. Tanto Moisés como Jesús fueron criticados por sus hermanos y hermanas.

María y Aarón hablaron contra Moisés a causa de la mujer cusita que había tomado; porque él había tomado mujer cusita

Números 12:1

Porque ni aun sus hermanos creían en él.

Juan 7:5

10. **Moisés y Jesús fueron recibidos por gentiles luego de ser rechazados por Israel.**

Oyendo Faraón acerca de este hecho, procuró matar a Moisés;
pero Moisés huyó de delante de Faraón, y habitó en la tierra de
Madián… Y Moisés convino en morar con aquel varón; y él dio
su hija Séfora por mujer a Moisés.

Éxodo 2:15, 21

El siguiente día de reposo se juntó casi toda la ciudad para oír la
palabra de Dios. Pero viendo los judíos la muchedumbre, se llenaron de celos, y rebatían lo que Pablo decía, contradiciendo y
blasfemando. Entonces Pablo y Bernabé, hablando con denue-
do, dijeron: A vosotros a la verdad era necesario que se os habla-
se primero la palabra de Dios; mas puesto que la desecháis, y no
os juzgáis dignos de la vida eterna, he aquí, nos volvemos a los
gentiles. Porque así nos ha mandado el Señor, diciendo: Te he
puesto para luz de los gentiles, A fin de que seas para salvación
hasta lo último de la tierra. Los gentiles, oyendo esto, se regoci-
jaban y glorificaban la palabra del Señor, y creyeron todos los
que estaban ordenados para vida eterna.

Hechos 13:44-48

11. **Moisés y Jesús oraron pidiendo perdón por el pueblo de Dios.**

Entonces volvió Moisés a Jehová, y dijo: Te ruego, pues este pueblo ha cometido un gran pecado, porque se hicieron dioses de
oro, que perdones ahora su pecado, y si no, ráeme ahora de tu
libro que has escrito.

Éxodo 32:31-32

Y Jesús decía: Padre, perdónalos, porque no saben lo que hacen;

Lucas 23:34

12. **Tanto Moisés como Jesús estaban dispuestos a soportar el casti-
go del pueblo de Dios.**

Entonces volvió Moisés a Jehová, y dijo: Te ruego, pues este pueblo ha cometido un gran pecado, porque se hicieron dioses de
oro, que perdones ahora su pecado, y si no, ráeme ahora de tu
libro que has escrito.

Éxodo 32:31-32

Porque también Cristo padeció una sola vez por los pecados, el justo por los injustos, para llevarnos a Dios, siendo a la verdad muerto en la carne, pero vivificado en espíritu.

1 Pedro 3:18

13. **Moisés y Jesús hablaron con Dios cara a cara.**

No así a mi siervo Moisés, que es fiel en toda mi casa. Cara a cara hablaré con él, y claramente, y no por figuras; y verá la apariencia de Jehová. ¿Por qué, pues, no tuvisteis temor de hablar contra mi siervo Moisés?

Números 12:7-8

A Dios nadie le vio jamás; el unigénito Hijo, que está en el seno del Padre, él le ha dado a conocer.

Juan 1:18

14. **Moisés y Jesús, ambos subieron a una alta montaña para estar en comunión con Dios, llevando a algunos de sus seguidores más cercanos con ellos.**

…subieron Moisés y Aarón, Nadab y Abiú, y setenta de los ancianos de Israel; y vieron al Dios de Israel; y había debajo de sus pies como un embaldosado de zafiro, semejante al cielo cuando está sereno.

Éxodo 24:9-10

Seis días después, Jesús tomó a Pedro, a Jacobo y a Juan su hermano, y los llevó aparte a un monte alto; Mientras él aún hablaba, una nube de luz los cubrió; y he aquí una voz desde la nube, que decía: Este es mi Hijo amado, en quien tengo complacencia; a él oíd.

Mateo 17:1,5

15. **Después de sus experiencias en la montaña, tanto el rostro de Moisés como el de Jesús brillaron con gloria sobrenatural.**

Cuando venía Moisés delante de Jehová para hablar con él, se quitaba el velo hasta que salía; y saliendo, decía a los hijos de Israel lo que le era mandado. Y al mirar los hijos de Israel el rostro de Moisés, veían que la piel de su rostro era resplandeciente; y volvía Moisés a poner el velo sobre su rostro, hasta que entraba a hablar con Dios.

Éxodo 34.34-35

...y se transfiguró delante de ellos, y resplandeció su rostro como el sol, y sus vestidos se hicieron blancos como la luz.

MATEO 17:2

16. Dios habló a Moisés y a Jesús en forma audible.

El sonido de la bocina iba aumentando en extremo; Moisés hablaba, y Dios le respondía con voz tronante. Y descendió Jehová sobre el Monte Sinaí, sobre la cumbre del monte; y llamó Jehová a Moisés a la cumbre del monte, y Moisés subió.

ÉXODO 19:19-20

Jesús les respondió diciendo: Ha llegado la hora para que el Hijo del Hombre sea glorificado... Padre, glorifica tu nombre. Entonces vino una voz del cielo: Lo he glorificado, y lo glorificaré otra vez.

JUAN 12:23,28

17. El lugar de entierro de Moisés y Jesús fue visitado por ángeles.

Pero cuando el arcángel Miguel contendía con el diablo, disputando con él por el cuerpo de Moisés, no se atrevió a proferir juicio de maldición contra él, sino que dijo: El Señor te reprenda.

JUDAS 1:9

Y hubo un gran terremoto; porque un ángel del Señor, descendiendo del cielo y llegando, removió la piedra, y se sentó sobre ella. Mas el ángel, respondiendo, dijo a las mujeres: No temáis vosotras; porque yo sé que buscáis a Jesús, el que fue crucificado. No está aquí, pues ha resucitado, como dijo. Venid, ved el lugar donde fue puesto el Señor.

MATEO 28:2, 5-6

18. Tanto Moisés como Jesús aparecieron vivos luego de su muerte.

Y he aquí les aparecieron Moisés y Elías, hablando con él.

MATEO 17:3

Cuando llegó la noche de aquel mismo día, el primero de la semana, estando las puertas cerradas en el lugar donde los discípulos estaban reunidos por miedo de los judíos, vino Jesús, y puesto en medio, les dijo: Paz a vosotros. Y cuando les hubo dicho esto, les mostró las manos y el costado. Y los discípulos se regocijaron viendo al Señor.

JUAN 20:19-20

Estas son sólo algunas de las comparaciones que están en las Escrituras acerca de Moisés y Jesús como vasijas designadas por Dios para la nación de Israel. Es evidente que Dios les dio promesas a los hijos de Israel y que esas promesas se guardaron.

7. Los patriarcas son judíos

Los patriarcas son Abraham, Isaac, y Jacob. Dios los usó para fundar la nación de Israel y para el nacimiento del pueblo judío, quienes se convirtieron en los preferidos de Dios (ver Deuteronomio 32:10). Los judíos han bendecido las naciones del mundo desde Genesis 12 hasta este día, y seguirán haciéndolo hasta la venida del Mesías.

En Romanos 11:27-28 San Pablo hace esta declaración sorprendente:

> «Y este será mi pacto con ellos, [el pueblo judío] cuando yo quite sus pecados... son amados [el pueblo judío] por causa de los padres» [nota aclaratoria]. En este versículo «los padres» se refiere a los patriarcas –Abraham, Isaac, y Jacob.

¿Por qué el pueblo judío es amado eternamente por Dios? No sólo porque «Dios es amor» (1 Juan 4:8). Son amados «por causa de los padres». Dios les hizo promesas a Abraham, Isaac, y Jacob sobre el futuro de Israel y el pueblo judío, y Dios guardará esas promesas. «Es imposible que Dios mienta» (Hebreos 6:18).

Existe un punto crucial en la Escritura que no se puede dejar pasar. En el Segundo Mandamiento, Dios toma una posición definida «...que visitó la maldad de los padres sobre los hijos hasta la tercera y cuarta generación de los que me aborrecen» (Éxodo 20:5).

Luego en Éxodo 20:6, Dios toma el lado positivo y confirma que aquellos que guardasen sus mandamientos tendrán su bendición. El presente entonces establece que si la desobediencia trae juicio, entonces la obediencia trae bendición divina. Las buenas obras de los padres se agregan a las bendiciones de sus hijos por tres o cuatro generaciones.

Dios les hizo promesas a Abraham, Isaac, y Jacob y a sus descendientes, y El debe guardarlas para vindicar su propia honradez. Cualquier teología cristiana que enseña que Dios ya no ama al pueblo judío o que Dios ya no le hará honor a su pacto con ellos es falsa doctrina –simplemente no es verdad, porque contradice la enseñanza del Nuevo Testamento.

8. El pueblo judío es el origen humano de Jesucristo.

Yo he predicado el evangelio desde hace cuarenta y ocho años al momento de escribir este libro. Cuando me paro frente a una congregación distinta a la de la iglesia de Cornerstone en San Antonio y me refiero a Jesucristo como un rabino judío, el público de forma invariable actúa como si creyesen que Él fue realmente el primer presidente de la comunidad bautista sureña.

Mientras vivía sobre la tierra, no sólo era judío, sino también el judío de los judíos, fiel a la Ley de Moisés, la cual como Él dijo, vino a cumplir y no a destruir. Sin la Ley de Dios dada a través de Moisés, no habría Cristo, ni un Mesías. Jesús fue circuncidado. Él tenía largos cabellos como los hebreos, sin cortarlo. No tocaba la carne del cerdo. Ayunaba en el día de arrepentimiento, no comía pan con levadura en la Pascua, y lavaba sus manos antes de tocar el alimento mientras pronunciaba la bendición. Y usaba la ropa acostumbrada adornada con el *tzitzit*.

Jesús fue un judío entre judíos, sin embargo el evangelio cristiano se ha torcido de tal forma en la historia que la mayoría de sus lectores identifican a Jesús con los gentiles, lo que sea que eso signifique. De todas maneras, ni los griegos ni los romanos, persas o sirios esperaban un Mesías, y Jesús no hablaba sus lenguas extranjeras ni oraba de acuerdo a sus paganismos extranjeros.

Cuando Jesús hablaba, solo los hebreos podían escuchar. Cuando envió a sus apóstoles, solamente eligió a los judíos. Y cuando entregó su alma, fueron las hijas de Israel quienes lloraron por Él. Fue crucificado en el Calvario con un letrero que leía: «EL REY DE LOS JUDÍOS».

Fue Jesús, un rabino judío, quien dijo «la salvación viene de los judíos» (Juan 4:22).

¿Qué significa esto?

Significa que si quitamos la contribución judía al cristianismo, entonces no hay cristianismo. Cuando sacamos a los patriarcas, los profetas, toda Palabra de Dios escrita por manos judías... cuando sacamos a Jesús, María y José... cuando sacamos a los doce discípulos y al apóstol Pablo, no tenemos cristianismo.

Los cristianos tienen una deuda de gratitud para con el pueblo judío la cual nunca han pagado. Es hora de confesar nuestra arrogancia hacia el pueblo judío como antisemitismo. El antisemitismo es pecado, y como pecado, maldice el alma.

Estas ocho evidencias documentadas por San Pablo y enumeradas en Romanos 9 verifican mas allá de toda duda razonable que el mensaje de Romanos capítulos 9,10 y 11 está exclusivamente dirigido al pueblo judío.

13 ¿QUIÉN ES JUDÍO?

L A FUERTE CONTROVERSIA de «¿quién es judío?» ha sido un tema candente entre los descendientes de la semilla de Abraham desde hace más de dos mil años. Israel moderna, con su principio Sionista del derecho a retornar, le ofrece a cualquier persona judía en el mundo el privilegio de vivir en Israel y crea el gran debate, «¿Quién es judío?».

> …Porque no todos los que descienden de Israel son israelitas.
>
> ROMANOS 9:6

En el Antiguo Testamento, cuando la antigua Israel seguía a otros dioses, todo judío en Israel estaba consciente del contraste hecho por los profetas entre la nación como un todo y el remanente (Romanos 11:5). Cuando Cristo nació en Belén, la nación de Israel como un todo seguía adelante con su vida con muy poca fe verdadera. Eran sólo algunos, como María y José, Elizabet y Zacarías que: «esperaban la redención en Jerusalén» (Lucas 2:38).

Cuando Jesús comenzó su ministerio público y vio a Natanael por primera vez, dijo: «He aquí un verdadero israelita» (Juan1:47). Esta es la distinción exacta que Pablo hace en este capítulo.

Abraham es el ejemplo principal de Pablo de un verdadero Israelita. Abraham no fue salvado por la circuncisión, porque fue declarado justo delante de Dios en Génesis 15:6; lo cual fue años antes de su circuncisión. Abraham no fue salvo por guardar la Ley, porque la Ley no se dio hasta los tiempos de Moisés, lo cual fue cuatrocientos años luego de la vida de Abraham.

¿Cómo se convirtió Abraham en un verdadero Israelita? Fue por fe, no por obras, como se indica en Génesis 15:6: «Y creyó (Abraham) a Jehová (fe), y le fue contado por justicia (Abraham)» (nota del autor).

Pablo escribe «no todos los que descienden de Israel son israelitas» (Romanos 9:6). Pablo está diciendo que existe una diferencia entre todos aquellos que claman ser «descendientes de Abraham» y aquellos que constituyen Israel como el «pueblo de Dios».

Pablo demuestra, primero, que Israel es un tema de elección más que de nacimiento (6:13). No todos los que se llaman «hijos de Abraham» (descendientes naturales) son su «semilla» como se demuestra en Génesis 21:12 que declara: «en Isaac te será llamada descendencia».

Recuerda que Israel tuvo dos hijos. Su primero fue llamado Ismael, nacido de la Egipcia Agar (ver Génesis 16). Pero, dice Pablo, Ismael, aunque era descendiente físico de Abraham, no era de su «semilla» (palabra griega «*sperma*») que produjo a Isaac, el hijo espiritual.

Ismael nació cuando Abraham era capaz de tener hijos en su propia fuerza sexual, Isaac nació por un acto sobrenatural de Dios, ya que tanto Abraham como Sara habían pasado la edad para tener hijos.

En Romanos 9:8, Pablo cambia de «hijos según la carne» (Abraham) a «hijos según la promesa». Este cambio es muy sutil pero muy significativo. Si la semilla espiritual de Abraham viene a través de la promesa y el poder de Dios, el pueblo judío no es meramente la semilla de Abraham, sino de hecho hijos de Dios.

LA CONTROVERSIA DE LA ELECCIÓN DIVINA
ROMANOS 9:7-12

> ...ni por ser descendientes de Abraham son todos hijos, sino "en Isaac te será llamada descendencia". Esto es: No los que son hijos según la carne son los hijos de Dios, sino que los que son hijos según la promesa son contados como descendientes. Porque la palabra de la promesa es esta: «Por este tiempo vendré, y Sara tendrá un hijo. Y no sólo esto, sino también cuando Rebeca concibió de uno, de Isaac nuestro padre (pues no había aún nacido, ni habían hecho aún ni bien ni mal, para que el propósito de Dios conforme a la elección permaneciese, no por las obras sino por el que llama), se le dijo: El mayor servirá al menor. Como está escrito: A Jacob amé, mas a Esaú aborrecí».
>
> ROMANOS 9:7-12

La doctrina de la elección divina, es sin duda, el concepto más controversial de las Escrituras. Es mucho más complejo y controversial que la profecía matriz de Daniel a través de Apocalipsis o la explicación profética de la guerra de Ezequiel liderada por Rusia y su coalición árabe de naciones que invaden Israel en Ezequiel 38-39. Esa coalición será diezmada por la mano de Dios en las colinas de Israel, matando el 82% de los enemigos de Israel.

Primero, es obvio que la divina elección es enseñada en las Escrituras (ver Romanos 9:27; 11:5; 7:28.) La pregunta es: ¿a quién se le ofrece esta divina elección? En mi opinión, la divina elección es ofrecida solamente a la nación de Israel.

Considere lo que significa divina elección. Significa que un Dios de amor y gracia ha seleccionado a algunos para la salvación y ha elegido permitir que otros se pierdan por la eternidad en el fuego del infierno. Ahora puede entender la gravedad de la controversia.

¿Cómo puede ser que la elección divina sea algo de verdad si Dios les ha dado a todos libre albedrío, que es el poder de aceptar o rechazar la oferta de salvación de Dios? El libre albedrío representa la habilidad individual de poder hacer sus propias elecciones a favor o en contra de Dios y es un hecho indiscutible en las Escrituras.

RAZONES BÍBLICAS QUE APOYAN EL LIBRE ALBEDRÍO

Considere las siguientes diez razones bíblicas que validan el hecho de que Dios da a cada individuo el derecho a escoger entre el bien y el mal. Moisés le dijo a Israel: "...que os he puesto delante la vida y la muerte... *escoge, pues, la vida*" (Deuteronomio 30:19, énfasis del autor).

Juan 3:16 es el versículo campeón del libre albedrío: "Porque de tal manera amó Dios al mundo, que ha dado a su Hijo unigénito, para que *todo aquel* que en él [el cual es un acto de libre albedrío] cree, no se pierda, mas tenga vida eterna" [nota aclaratoria].

DIEZ RAZONES BÍBLICAS QUE APOYAN EL LIBRE ALBEDRÍO

1. Romanos 2:6-16–Decir que Dios salva a algunos y manda a otros al infierno convertiría a Dios en un respetador de personas lo cual la Biblia dice que no es.

2. Malaquías 3:6–A Adán se le dio una elección en el Jardín de Edén. La elección era comer o no del fruto prohibido. Él eligió comerlo, y los ángeles con espadas flameantes sacaron a Adán

y Eva fuera del jardín para que viviesen bajo de la maldición de Génesis. Si Dios le dejo la decisión a Adán de elegir el comienzo es igual hoy en día para todo hombre, porque la Palabra declara: «Soy el Señor, no cambio».

3. Romanos 9:11–No hay ningún versículo en la Biblia fuera de Romanos 9 a 11, que declare exclusivamente la posición de Dios en cuanto al pueblo judío, la cual es que el hombre (judío) no tiene libre albedrío todos los días de su vida para servir a Dios o Satanás.

4. Josué 24:15–Existen versículos bíblicos que prueban que el hombre (gentil) si es un agente libre «Elijan en este día a quien servirán».

5. Salmo 119:30—«Escogí el camino de la verdad».

6. Isaías 7:15–«Comerá mantequilla y miel, hasta que sepa desechar lo malo y escoger lo bueno».

7. Isaías 66:3–«escogieron sus propios caminos».

8. Mateo 16:24–«Entonces Jesús dijo a sus discípulos: Si alguno quiere venir en pos de mí, niéguese a sí mismo, y tome su cruz, y sígame».

9. 1 Corintios 7:37–«es dueño de su propia voluntad».

10. Apocalipsis 22:17–«el que quiera, tome del agua de la vida gratuitamente».

Si la divina elección es verdadera para los gentiles, como enseñan algunas grandes denominaciones hoy en día, ¿por qué ir a la iglesia? ¿Por qué evangelizar? Si Dios ya ha determinado quienes van al cielo y quienes al infierno, ¿por qué orar? ¿Por qué leer la Biblia?

Si la elección divina es verdadera, ¿cómo se puede decir: «Dios es amor»? ¿Cómo puede el Espíritu Santo escribir en Juan 3:16: «De tal manera amó Dios al mundo», si todavía piensa mandar a la mayoría de nosotros al infierno eterno (ver Mateo 7:13-14)?

La divina elección es un hecho para una parte del pueblo judío quienes son «un remanente escogido por gracia» (Romanos 11:5). La divina elección no es así para los gentiles.

DIOS EMPIEZA CON ABRAHAM

Ahora, permítame presentar el caso de que la divina elección de Dios sea exclusivamente para Israel. La elección de Dios sobre Israel comienza con Abraham, a quien Dios seleccionó del paganismo (Josué 24:2). Abraham fue escogido para convertirse en el «padre de todos los que creen». En el tiempo de la elección de Abraham, él no tenía conocimiento de la sabiduría de Dios, por lo tanto, no podía elegir a Dios.

Es claro que en las Escrituras, que Dios buscó a Abraham; Abraham no buscó a Dios. Viendo que «la maldad de los hombres era mucha en la tierra... y que todo designio de los pensamientos del corazón de ellos era de continuo mal» (Génesis 6:5), Dios eligió un hombre para ser el padre físico y espiritual de un pueblo (los judíos), uno que produjese los patriarcas y los profetas para escribir cada palabra de la Biblia, el nacimiento de Jesucristo, y que trajese luz de Dios a un mundo que vivía en total oscuridad.

La elección de Abraham es fácil, Dios tenía que comenzar en algún lado. Dios comienza en Génesis 12 con el padre de todos los que creen, diciendo: «Bendeciré a los que te bendijeren, y a los que te maldijeren maldeciré; y serán benditas en ti todas las familias de la tierra» (v. 3).

ISAAC E ISMAEL

San Pablo presenta su caso para la elección con el nacimiento de Isaac e Ismael. Cuando años habían pasado y Abraham y Sara no tenían un hijo, Sara sugiere a Abraham que tal vez él debería tener un bebé con Agar. Abraham dice: «Eso en mi opinión es la voluntad del Señor, mi amor» (Hagee Versión Revisada)

Abraham y Agar tienen a Ismael trece años antes del nacimiento de Isaac. Su nacimiento fue el principio de una pelea familiar entre judíos y árabes que ha durado hasta este día, arrastrando a la humanidad hacia un conflicto nuclear en el Medio Oriente.

¡Dos hijos, dos elecciones!

Ismael fue el descendiente físico de Abraham, pero sin embargo no fue escogido. El hijo de la promesa es Isaac. El fue escogido para ser el patriarca de «hijos según la promesa» (Romanos 9:8).

Hay un punto para considerar en los nacimientos de Ismael e Isaac. Ismael nació cuando Abraham tenía la habilidad natural de producir un hijo. Isaac nació cuando tanto Abraham como Sara ya habían pasado el tiempo para producir hijos. Por lo tanto, Isaac nació por el poder sobrenatural de Dios.

Esta es la división entre los hijos naturales de Abraham (los árabes de Ismael) y los «hijos según la promesa» (judíos de Isaac).

JACOB Y ESAÚ

> Porque la palabra de la promesa es esta: Por este tiempo vendré, y Sara tendrá un hijo. Y no sólo esto, sino también cuando Rebeca concibió de uno, de Isaac nuestro padre (pues no había aún nacido, ni habían hecho aún ni bien ni mal, para que el propósito de Dios conforme a la elección permaneciese, no por las obras sino por el que llama), se le dijo: El mayor servirá al menor. Como está escrito: A Jacob amé, mas a Esaú aborrecí.
>
> ROMANOS 9:9-13

El caso de Jacob y Esaú es la cumbre en la elección divina. Cada uno era un judío de pura sangre. En el caso de Isaac e Ismael, uno podría discutir que la ascendencia de Isaac era mejor que la de Ismael, por lo tanto Isaac fue escogido. Uno también podría discutir que Ismael vivió catorce años y tuvo la oportunidad de pecar, y por eso fue rechazado por Dios.

Esto no así con Jacob y Esaú. Ellos tenían la misma madre y el mismo padre y fueron concebidos en el mismo acto sexual. La palabra griega *koite* confirma esto.

Dios tomó la decisión de elegir a Jacob sobre Esaú antes de que naciesen, antes de que tuviesen la oportunidad de elegir ente el bien y el mal, y antes de que siquiera tuvieran la oportunidad de pensar o hablar del mal.

La decisión de Dios contradice las reglas de la cultura de Oriente en la cual el hermano menor sirve al mayor. Dios revierte las reglas —diciendo que el mayor (Esaú) serviría al menor (Jacob). Pablo lo dice muy claro en Romanos 9:11 que esto se hizo «para que *el propósito de Dios conforme a la elección* permaneciese» (énfasis agregado).

Entonces Dios hace una declaración que resuena como un trueno «A Jacob amé, mas a Esaú aborrecí» (v. 13). Que declaración tan cruel para que haga un Dios tan amoroso. ¿Por qué lo hizo?

Lo hizo porque Dios sabe el final desde el principio. Dios sabía que Esaú sería un hombre salvaje que produciría, en parte, a los edomitas, que atacaría a los hijos de Israel cuando salían de Egipto yendo hacia la Tierra Prometida. Porque los edomitas atacaron a los hijos de Israel en camino hacia la Tierra Prometida, Dios prometió estar siempre en guerra con los descendientes de Esaú y Amalek por siempre, hasta que su recuerdo desaparezca de debajo del cielo (ver Éxodo 17:8-16).

Los descendientes de Esaú también producirían un linaje que atacaría y mataría a judíos por siglos. Entre los descendientes de Esaú estaba Haman, cuya mente diabólica planificó la «solución final» del Antiguo Testamento – la exterminación de todos los judíos en Persia. Fueron los descendientes de Esaú quienes produjeron los judíos mestizos quienes han sido perseguidos y asesinados mas allá de la comprensión humana.

Adolfo Hitler fue un descendiente lejano de Esaú. El autor ganador del Pulitzer Jon Toland, en su libro *Adolf Hitler*, documenta que Hitler era parte judío[1]. Toland traza su genealogía, la cual Hitler destruyó cuando llegó al poder como el líder demoníaco del partido de los bárbaros nazis.

No es una sorpresa que Dios diga «A Jacob amé, mas a Esaú aborrecí.» Cuatro mil años después de que Dios hizo esta declaración, comprendemos mejor por qué la dijo. Es importante repetir este punto que fue «para que el propósito de Dios conforme a la elección permaneciese» (Romanos 9:11).

LA ELECCIÓN DIVINA Y LOS JUDÍOS

Ahora examinemos las razones por las cuales creo que la divina elección se aplica exclusivamente al pueblo Judío.

Un codicilo dirigido a los judíos

Ya he declarado que Romanos 9:1 es dirigido exclusivamente a los judíos, apoyado por las ocho evidencias bíblicas en los versículos 4-5.

Romanos fue escrito para los creyentes en Roma, excepto por el codicilo en Romanos 9-11. Al interpretar las Escrituras en forma correcta, debemos recordar quién le escribió, a quien escribió y con qué propósito. La doctrina de la elección en Romanos 9-11 tiene que ver solamente con el pueblo judío.

Una nación electa

La Biblia habla de Israel como una nación electa. Isaías escribe «Por amor de mi siervo Jacob, y de Israel mi escogido, te llamé por tu nombre» (Isaías 45:4).

Cuando daba su profecía para que sus discípulos la digiriesen en el Monte de los Olivos, Jesús dijo: «Y si aquellos días no fuesen acortados (días de la Gran Tribulación), nadie sería salvo; mas *por causa de los escogidos* (el pueblo judío), aquellos días serán acortados» (Mateo 24:22 énfasis agregado).

Para aquellos que creen que «los escogidos» en este versículo son los cristianos, por favor entiendan que durante la Gran Tribulación, los cristianos ya estarán en el cielo en la cena de las bodas del Cordero.

Dos naciones

Es indiscutible que cuando Dios habló a Rebeca antes del nacimiento de Jacob y Esaú El se refería a las naciones, no a los individuos. Génesis 25:23 dice:

> Y le respondió Jehová:
> Dos naciones hay en tu seno,
> Y dos pueblos serán divididos desde tus entrañas;
> El un pueblo (Israel) será más fuerte que el otro pueblo
>   (Edomitas),
> Y el mayor (Esaú) servirá al menor (Jacob).

Más adelante en Génesis, hay un considerable aumento en la cantidad de escritura que describe la nación que Esaú fundó, y lo que queda es sobre la nación de Israel.

FARAÓN Y EL LIBRE ALBEDRÍO

Porque la Escritura dice a Faraón: Para esto mismo te he levantado, para mostrar en ti mi poder, y para que mi nombre sea anunciado por toda la tierra. De manera que de quien quiere, tiene misericordia, y al que quiere endurecer, endurece. Pero me dirás: ¿Por qué, pues, inculpa?, porque ¿quién ha resistido a su voluntad?

ROMANOS 9:17-19

La dramática historia de la liberación del pueblo judío de Egipto y la brutalidad del Faraón llenan los primeros capítulos del libro de Éxodo. Dios escuchó los llamados de su Pueblo escogido pidiendo un libertador, y viniendo de la zarza ardiente con un mensaje ferviente estaba Moisés, gritando en la corte del hombre más poderoso de la faz de la tierra, Faraón: «Deja ir a mi pueblo».

A la luz del libre albedrío, considere la respuesta de Faraón: «¿Quién es Jehová, para que yo oiga su voz y deje ir a Israel? Yo no conozco a Jehová, ni tampoco dejaré ir a Israel...» (Éxodo 5:2).

Es importante para poder entender el libre albedrío y elección que entendamos que el Faraón hizo una elección muy definida: «¡No dejaré ir a Israel!».

Aquellos que creen en la elección para individuos apuntan a la palabra «endurecer» (Romanos 9:18), diciendo que Dios endureció el corazón de Faraón, y que éste no tuvo elección en el caso de Israel. ¡Equivocado!

Dios mandó diez plagas a Egipto en un esfuerzo para comunicarse con el Faraón quien tenía dificultades auditivas espirituales. Se negaba a escuchar a Moisés. Había una elección específica de su parte.

Dios soltó las plagas en las cuales las aguas de la nación se convirtieron en sangre. El río Nilo desde su nacimiento hasta el mar se convirtió en sangre. Cada plato en Egipto que contenía agua se convirtió en sangre. Las cañerías en el baño de Faraón estaban llenas de sangre, sangre como habría en un matadero. Pensaríamos que a Faraón le llegaría el mensaje.

Luego vinieron las ranas que cubrieron la nación. Después los piojos y las moscas, seguido de la mortandad del ganado egipcio. Luego las úlceras sobre todos los egipcios, mientras los judíos seguían intactos.

Pero con cada plaga, el Faraón decía que no. El granizo destruyó la cosecha, seguido de langostas y oscuridad que tapó al sol por tres días. El espacio no me permite cubrir exhaustivamente el tema de que la razón específica por la cual Dios envió estas diez plagas fue para aplastar a los diez dioses egipcios más importantes.

El faraón en su arrogancia, desafió a Dios en la presencia de Moisés diciendo: «¿Quién es Jehová, para que yo oiga su voz?». El Dios de Abraham, Isaac, y Jacob armó una demostración de poder que el mundo nunca ha olvidado. Sistemáticamente aplastó a los diez más importantes dioses paganos de Egipto para que el Faraón tuviese conocimiento específico de Dios y pudiese hacer una elección inteligente basada en ese conocimiento.

El dios egipcio de mayor importancia era Ra, el dios del sol. El Dios de Israel trajo total oscuridad por tres días, plaga número nueve, y sin embargo el Faraón elige no dejar ir a Moisés y los judíos de la esclavitud de Egipto.

El punto es este, con las primeras nueves plagas, al Faraón le fue dada la oportunidad de arrepentirse nueve veces, pero de todas formas, elige libremente rechazar al Dios de Israel. Solo después de eso, Dios endurece el corazón de Faraón. Dios no endurece el corazón de nadie salvo un rebelde ya confirmado en contra de su voluntad.

> El Señor no retarda su promesa, según algunos la tienen por tardanza, sino que es paciente para con nosotros, no queriendo que ninguno perezca, sino que todos procedan al arrepentimiento.
>
> 2 PEDRO 3:9

No todos los hombres llegarán al arrepentimiento. Como el Faraón, algunos elegirán rechazar al Dios de Abraham, Isaac, y Jacob para seguir a otros dioses. Llamémoslo humanismo, secularismo, hedonismo, materialismo, romanismo, Satanismo, o ateísmo —es todo paganismo, y lleva al camino a las puertas del infierno.

14 LA CASA DEL ALFARERO

Pablo se refiere a la palabra endurecer en el capítulo 9 de Romanos.

> De manera que de quien quiere, tiene misericordia, y al que quiere endurecer, endurece.
>
> Pero me dirás: ¿Por qué, pues, inculpa?, porque ¿quién ha resistido a su voluntad? Mas antes, oh hombre, ¿quién eres tú, para que alterques con Dios? ¿Dirá el vaso de barro al que lo formó: ¿Por qué me has hecho así? ¿O no tiene potestad el alfarero sobre el barro, para hacer de la misma masa un vaso para honra y otro para deshonra?
>
> ROMANOS 8:18-21

Sin una explicación como la da anteriormente, uno se podría preguntar: «¿Si Dios me endurece, por qué me culpa de ser duro?».

Pablo ofrece poco consuelo en la forma en que, a la manera judía, contesta la pregunta con otra pregunta. «¿Quién eres tú, un mero humano, para contestarle a Dios?» (v. 20). ¿Puede una vasija contender con su alfarero, cuyas manos habilidosas loa forman para su mejor y más alto uso?

Hay cuatro pasajes principales en la Palabra que ilustran la relación de la vasija y el alfarero en el Antiguo Testamento.

> Vuestra perversidad ciertamente será reputada como el barro del alfarero. ¿Acaso la obra dirá de su hacedor: No me hizo? ¿Dirá la vasija de aquel que la ha formado: No entendió?
>
> ISAÍAS 29:16

¡Ay del que pleitea con su Hacedor! ¡El tiesto con los tiestos de la tierra! ¿Dirá el barro al que lo labra: ¿Qué haces?; o tu obra: ¿No tiene manos?

ISAÍAS 45:9

Ahora pues, Jehová, tú eres nuestro padre; nosotros barro, y tú el que nos formaste; así que obra de tus manos somos todos nosotros.

ISAÍAS 64:8

El pasaje mas conocido es Jeremías 18:1-11 en el cual Dios compara la vasija en la mano del alfarero a la nación de Israel. Dice lo siguiente:

Palabra de Jehová que vino a Jeremías, diciendo: Levántate y vete a casa del alfarero, y allí te haré oír mis palabras. Y descendí a casa del alfarero, y he aquí que él trabajaba sobre la rueda. Y la vasija de barro que él hacía se echó a perder en su mano; y volvió y la hizo otra vasija, según le pareció mejor hacerla. Entonces vino a mí palabra de Jehová, diciendo: ¿No podré yo hacer de vosotros como este alfarero, oh casa de Israel? dice Jehová. He aquí que como el barro en la mano del alfarero, así sois vosotros en mi mano, oh casa de Israel. En un instante hablaré contra pueblos y contra reinos, para arrancar, y derribar, y destruir. Pero si esos pueblos se convirtieren de su maldad contra la cual hablé, yo me arrepentiré del mal que había pensado hacerles, y en un instante hablaré de la gente y del reino, para edificar y para plantar. Pero si hiciere lo malo delante de mis ojos, no oyendo mi voz, me arrepentiré del bien que había determinado hacerle. Ahora, pues, habla luego a todo hombre de Judá y a los moradores de Jerusalén, diciendo: Así ha dicho Jehová: He aquí que yo dispongo mal contra vosotros, y trazo contra vosotros designios; conviértase ahora cada uno de su mal camino, y mejore sus caminos y sus obras.

Usando estos ejemplos del Antiguo Testamento de la vasija y el alfarero, Pablo señala varios puntos importantes, como vemos a continuación:

ENSEÑANZAS DEL ALFARERO

1. Es impensable que una vasija le dé consejos al alfarero. Por ende, es impensable que un humano encuentre faltas con Dios por lo que Él está haciendo en la vida de esa persona. Tal vez no entendamos lo que Dios está haciendo, pero por favor recordemos que somos las vasijas.

2. Dios tiene total soberanía en nuestra vida. Soberanía significa que Él puede hacer lo que Él quiere, cuando Él quiere, si quiere, por el tiempo que quiera, sin darnos una explicación a mí, a usted o a nadie, nunca.

3. Se nos da la oportunidad de volvernos del mal camino (elección), pero si no lo hacemos, es supuesto que Dios nos destruya. Déjeme repetirle las dos últimas frases de la ilustración de Jeremías de la vasija y el alfarero: «Así ha dicho Jehová: He aquí que yo dispongo mal contra vosotros, y trazo contra vosotros designios; conviértase ahora cada uno de su mal camino, y mejore sus caminos y sus obras.»

Si todo lo que Dios quisiese hacer fuese mandar a personas al infierno, Él no se hubiese tomado el tiempo y el sacrificio de la vida humana para presentarnos la Santa Biblia, llena de mensajes para influenciarnos y «volvernos del mal camino». Si todo lo que Dios quisiese fuese mandar a gran parte de la humanidad a la oscuridad eterna, Él no hubiese ordenado que los predicadores y evangelistas proclamaran su glorioso evangelio. Un Dios amoroso y lleno de gracia, nos mandó un Salvador en la persona de su Hijo, Jesucristo, llamando a todos los hombres al arrepentimiento. Si nos negamos a arrepentirnos (libre albedrío) experimentaremos la advertencia de Jeremías: «He aquí que yo dispongo mal contra vosotros».

Si nos negamos al arrepentimiento, miremos el cuerpo hinchado de Faraón flotando boca abajo en el Mar Rojo. El hombre más poderoso del mundo fue reducido a comida de peces, por que él, con su libre albedrío, se negó a arrepentirse ante el Dios de Abraham, Isaac, y Jacob.

UN REMANENTE SERÁ SALVADO
ROMANOS 9: 27-28

También Isaías clama tocante a Israel:

> Si fuere el número de los hijos de Israel como la arena del mar, tan sólo el remanente será salvo; porque el Señor ejecutará su sentencia sobre la tierra en justicia y con prontitud.
>
> Romanos 9:27-28

En este punto, San Pablo cita directamente de Isaías 10:22, la cual tiene una revelación interesante.

Isaías escribe:

> Acontecerá en aquel tiempo, que los que hayan quedado de Israel y los que hayan quedado de la casa de Jacob. Porque si tu pueblo, oh Israel, fuere como las arenas del mar, el remanente de él volverá; la destrucción acordada rebosará justicia.
>
> Isaías 10:20,22

¿Quién es este remanente?

Primero es obvio que todo este remanente es judío. Hoy en día en algunos círculos evangélicos la idea que ha estado flotando es la que dice que el remanente representa la iglesia y por lo tanto, todos aquellos que se dicen llamar cristianos han de ser salvados. ¡Tonterías! La idea dice algo así: «Dios es un Dios de amor, y El no enviaría a nadie a un infierno eterno para arder por siempre» Incorrecto. Esto no es sólo un engaño —¡sino una mentira demoníaca!

La Biblia dice: «Entrad por la puerta estrecha; porque ancha es la puerta, y espacioso el camino que lleva a la perdición, y muchos son los que entran por ella; porque estrecha es la puerta, y angosto el camino que lleva a la vida, y pocos son los que la hallan» (Mateo 7:13-14). Este simple versículo significa que «muchos», como la mayoría, estará perdidos porque decidieron, eligieron, no aceptar la redención de Jesucristo. Hay muchos en cada iglesia en Estados Unidos cantando «Cuando todos lleguemos al cielo», cuando ellos nunca llegarán.

Volvamos al remanente: el «remanente» son los judíos.

Examinemos la palabra *remanente* a la luz de la Escritura. En el Antiguo Testamento, la palabra tiene una connotación militar que se refiere al concepto de supervivencia.

En Deuteronomio 3, hay una descripción de una batalla entre los israelitas, quienes estaban pasando a por el desierto después de dejar el monte Orbe, y a los amoritas, bajo el comando del rey Og de Basan. El rey Og era el único que permanecía del los refraítas, quienes habían sido vencidos anteriormente (ver Génesis 14:5-7). Aquí en Deuteronomio 3:11, leemos: «Porque únicamente Og rey de Basán había quedado del resto de los gigantes» (Deut. 3:11).

En 2 Reyes 19, El Rey Ezequías, quien había sitiado y burlado a Senaquerib y a los viciosos asirios, envió a Isaías para pedirle que orara por los judíos «el remanente que queda» (v. 4).Isaías le envió una carta a Ezequías diciendo que Dios prometía que un remanente sería salvado de los asirios y crecería por un tiempo como un árbol lleno de frutos.

> «Y lo que hubiere escapado, lo que hubiere quedado de la casa de Judá, volverá a echar raíces abajo, y llevará fruto arriba. Porque saldrá de Jerusalén remanente, y del monte de Sion los que se salven. El celo de Jehová de los ejércitos hará esto.»
>
> 2 Reyes 19:30-31

Por lo tanto, basado en el texto bíblico tenemos bases sólidas para decir que el remanente es una «banda se sobrevivientes» ¿Qué grupo más grande de sobrevivientes existe en el Planeta Tierra más que los judíos del Holocausto?

En 1 Reyes 19, se cuenta la historia de Elías (a quien Pablo se refiere en Romanos 11:2-5), escondiéndose por salvar su vida de la Reina Jezabel. Dios le pregunta a Elías: «¿Qué haces aquí, Elías?» Elías responde: «He sentido un vivo celo por Jehová Dios de los ejércitos; porque los hijos de Israel han dejado tu pacto, han derribado tus altares, y han matado a espada a tus profetas; y sólo yo he quedado, y me buscan para quitarme la vida». (v. 14)

Dios le dijo a Elías que salgiera de su auto compasión y dejara su mentalidad de «soy el único que queda», la cual se mantiene un mantra popular en círculos cristianos hoy en día. Dios le recuerda a Elías que «yo haré que queden en Israel siete mil, cuyas rodillas no se doblaron ante Baal, y cuyas bocas no lo besaron.» (v. 18)

Pablo declara en Romanos 11:5 «Así también aun en este tiempo ha quedado un remanente escogido por gracia». Hablaremos de esto en forma más profunda más adelante en el libro.

La segunda de las citas de Pablo del Antiguo Testamento es Isaías 1:9, que declara:

> «Si Jehová de los ejércitos no nos hubiese dejado un resto pequeño, como Sodoma fuéramos, y semejantes a Gomorra.»

Esta cita enseña que si Dios no hubiese dejado un remanente, el pueblo judío habría sido como Sodoma y Gomorra, las cuales fueron totalmente destrozadas. De acuerdo a José, solo quince años después de que Pablo haya escrito estas palabras Tito y las legiones Romanas asesinarían 11 millones de judíos en AD 70. Jerusalén sería demolida y el templo destruido.

Los judíos sobrevivieron a los romanos, a las cruzadas católico-romanas y al indecible horror de la Inquisición Española, seguida de la matanza sistemática de seis millones en el Holocausto. El pueblo judío sobrevivirá a los terroristas Islámicos que ahora atacan Israel y demandan que haya un Estado Palestino con Jerusalén como su capital. ¡Nunca! ¡Jamás!

Dios promete que por Su soberana gracia un «remanente» será salvado por la gracia de Dios, un grupo de sobrevivientes quienes tendrán la oportunidad de recibir al Mesías, que es un rabino conocido por el mundo como Jesús de Nazaret.

¿Por qué creo que Jesús de Nazaret es el Mesías? Considere las comparaciones de Moisés con Jesús de esta sección y también las siguientes cinco razones:

1. Setecientos años antes del nacimiento de Cristo, Isaías predijo que nacería de una virgen (Isa 7:14).

2. Se nos dice del tiempo de su nacimiento en Daniel 9.

3. El lugar de su nacimiento es revelado en Miqueas 5.

4. Los íntimos detalles de su vida y muerte quedan documentados en Salmo 22 e Isaías 53.

5. El hecho de su resurrección es declarado en Salmo 16.

CRISTO LA PIEDRA DE TROPIEZO
ROMANOS 9:32-33

¿Por qué? Porque iban tras ella no por fe, sino como por obras de la ley, pues tropezaron en la piedra de tropiezo.
 Como está escrito:

> He aquí pongo en Sion piedra de tropiezo y roca de caída;
> Y el que creyere en él, no será avergonzado.

ROMANOS 9:32-33

San Pablo cierra Romanos 9 con dos citas de Isaías 8:14 y 28:16. Como había declarado al principio de la sección cuatro, la única manera de interpretar la Escritura en forma adecuada es con otra Escritura. Pablo hace esto para probar a su público que Jesús de Nazaret es una piedra de tropiezo para el pueblo judío.

> Entonces él será por santuario; pero a las dos casas de Israel, por piedra para tropezar, y por tropezadero para caer, y por lazo y por red al morador de Jerusalén.

ISAÍAS 8:14

> Por tanto, Jehová el Señor dice así: He aquí que yo he puesto en Sion por fundamento una piedra, piedra probada, angular, preciosa, de cimiento estable; el que creyere, no se apresure.

ISAÍAS 28:16

En Isaías 8:14, Isaías esta diciendo que Jehová es una piedra que causa que la gente tropiece. En Isaías 28:16, el profeta deja en claro que la piedra de tropiezo es otro individuo que Dios va a mandar desde afuera de Sion. La piedra de tropiezo era Jesucristo, mandado por Jehová al mundo desde un establo en Belén.
 San Pablo enseña en 1 Corintios 1:20-25, 27-29 que el Evangelio de Jesucristo era la debilidad de los romanos. Los romanos adoraban el poder ¡El poder hace bien! Un Rey que se muere en una cruz con criminales era debilidad – no poder.

De acuerdo con Pablo, la cruz era algo ridículo para los griegos. Los griegos admiraban la belleza y la cultura. No había nada bello en una crucifixión Romana. Era un proceso inmencionable de tortura que dejaba un cuerpo humano desfigurado, una masa de carne llena de sangre.

Para el pueblo judío, la cruz era una piedra de tropiezo. Algunos de los judíos querían un Mesías con poder para aplastar a la opresión romana. No buscaban a un rabino que enseñaba «Benditos los mansos, porque ellos heredarán la tierra». No se podía parar a Roma con Mansedumbre –buscaban una espada.

MÁS CAUSAS PARA OFENDER

El pueblo judío buscaba una señal que indicase que Jesús era el Mesías. Para los judíos que buscaban señales, la cruz de Cristo era una «piedra de tropiezo» (1 Cor. 1:22-23) Las señales que los judíos buscaban no eran señales de milagros y maravillas. De esos había muchísimos. Ellos estaban en búsqueda de señales de que Jesús era el Mesías.

De acuerdo a la Torá, un hombre crucificado era «maldito por Dios» (Deut. 21:23). Fue la manera en la Jesús murió lo que falló en alcanzar las expectativas judías para la «señal del Mesías».

La deidad de Jesucristo fue y es una piedra de tropiezo para Israel y para el mundo. Pero hay otras piedras de tropiezo.

Consideremos que la piedra es algo simple, humilde, como lo ilustra la vida de Jesús. Nació en un establo hijo de un carpintero, vivió en Nazaret y se juntaba con los más pobres de los pobres. Comió con pecadores. Por Roma, fue considerado un insurrecto rebelde, demasiado peligroso para estar vivo. Los fariseos los llamaban borracho, un hombre que socializaba con pecadores y realizaba milagros por el poder del diablo. Jesús simplemente no conocía la gente correcta y era considerado un hombre de inclinaciones políticas, enojado, radical, que echaba a los mercaderes afuera del templo y se rodeaba de doce hombres con poca distinción, y uno de aquellos lo traicionó al gobierno romano.

Isaías declaró:

> Subirá cual renuevo delante de él, y como raíz de tierra seca; no hay parecer en él, ni hermosura; le veremos, mas sin atractivo para que le deseemos. Despreciado y desechado entre los hombres, varón de dolores, experimentado en quebranto; y

como que escondimos de él el rostro, fue menospreciado, y no lo estimamos.

ISAÍAS 53:2-3

El punto es este, una piedra que causa que alguien tropiece no es una piedra que esta puesta en una posición alta en la construcción de la sinagoga. La «piedra de tropiezo» es una que ha sido dejada de lado, una que yace sin que nadie la note en el pasto sobre el suelo, los hombres pueden tropezar con ella cuando de pronto se la encuentran en el camino.

Hay un tema importante que tiene que ver con esta piedra de tropiezo. Se convierte en la piedra principal. El Rey David señala esto en Salmos 118:22, diciendo: «La piedra que desecharon los edificadores Ha venido a ser cabeza del ángulo.» Jesús cita este versículo de Salmos 188 cuando los líderes religiosos estaban buscando una forma de arrestarlo. Jesús dice:

¿Nunca leísteis en las Escrituras:
La piedra que desecharon los edificadores,
Ha venido a ser cabeza del ángulo.
El Señor ha hecho esto,
Y es cosa maravillosa a nuestros ojos?

MATEO 21:42, MARCOS 12:10, LUCAS 20:17

Cuando Pedro y Juan fueron ante el Sanedrín, luego de la resurrección de Jesús y Su Ascensión, Pedro les dijo a los líderes religiosos:

«Sea notorio a todos vosotros, y a todo el pueblo de Israel, que en el nombre de Jesucristo de Nazaret, a quien vosotros crucificasteis y a quien Dios resucitó de los muertos, por él este hombre está en vuestra presencia sano. Este Jesús es la piedra reprobada por vosotros los edificadores, la cual ha venido a ser cabeza del ángulo.»

HECHOS 4:10-11

Hay una doctrina católica que presenta a Pedro como la base de la iglesia. Esta simplemente no es verdad de acuerdo con la eterna e inherente Palabra de Dios.

Jesús le dijo a Pedro: «Y yo también te digo, que tú eres Pedro, (la palabra griega para Pedro aquí es *Petros*), lo que se refiere a una piedra pequeña como la usada en una honda) y sobre esta roca (dice Jesús mientras se apunta a Sí mismo) edificaré mi iglesia; y las puertas del Hades no prevalecerán contra ella.» (Mateo 16:18)

La palabra griega para roca cuando Jesús hablaba de si mismo es *petra*, que significa «lecho de roca».

Las ideas de que el Papa católico romano habla como la voz de Dios infalible, porque él, como Papa, es una extensión de San Pedro es un terrible distorsión de la Escritura. Pedro es una piedra pequeña, Jesucristo es el lecho de la roca quien dice: «Y yo también te digo, que tú eres Pedro, y sobre esta roca edificaré mi iglesia; y las puertas del Hades no prevalecerán contra ella.» Mateo 16:18

NO ESTAR AVERGONZADO
ROMANOS 9:33

Como está escrito:

He aquí pongo en Sion piedra de tropiezo y roca de caída;
Y el que creyere en él, no será avergonzado.

Romanos 9:33

San Pablo pone fin al capítulo 9 diciendo:

«He aquí pongo en Sion piedra de tropiezo y roca de caída;
Y el que creyere en él, no será avergonzado.»

Tratemos de imaginarnos parados frente a Dios y el Libro de la Vida. Cada palabra, pensamiento y acción de nuestras vidas están siendo leídos en voz alta para que toda la humanidad escuche – sabiendo que hemos rechazado a Cristo. Estamos muy concientes de que nuestro juicio será tan horrible que deseamos que las montañas se cayesen para protegernos de la ira de Dios. En ese día, sin Cristo, seguro que estaremos humillados y avergonzados.

Si está usted parado firmemente sobre la roca sólida, estará sin atisbo de vergüenza o humillación. ¿Es Cristo una piedra de tropiezo para usted, o lo ha aceptado como la piedra angular, preciosa y elegida en Sion como la base de su vida?

Los primeros dos versículos de Romanos 10 están relacionados a los últimos dos versículos de Romanos 9 y esto hace que los primeros dos versículos de Romanos 10 sean muy compenetrantes. San Pablo comienza el Capítulo 20 con una oración compasiva para sus pares judíos.

Recuerde que el capítulo 10, es tan verdadero como los capítulos 9 y 11, sobre el pueblo judío. Este documento de tres capítulos es la posición de Dios en cuanto a su pueblo escogido.

La oración de Pablo por Israel es que «sean salvos» (Romanos 10) La palabra griega usada aquí es *soteria*, indicando que Pablo está orando que sus pares judíos se juntaran con la gente que Dios esta ahora formando con la base de la fe en el Mesías. La salvación aquí no significa que el pueblo judío saldrá corriendo y se unirá a la iglesia cristiana de la esquina. No lo hicieron por Martín Lutero, y tampoco lo harán en el futuro. Pablo esta orando por un despertar espiritual en medio de los judíos, uno que los junte a «los escogidos» que Dios está trayendo como es evidenciado en Romanos 11:5. Yo creo que Dios está juntando a los 144.000 judíos quienes llevarán el mensaje de Dios a las naciones como está escrito en Apocalipsis 7:4-8.

Pablo testifica que el pueblo judío tiene «celo por Dios» (Rom. 10:2)

Pablo testificó que él tenia tanto celo por el judaísmo que echó a cristianos en prisión en donde algunos de ellos fueron matados (Fil .2:6) Pablo fue un ejemplo a seguir en cuanto a su celo por la fe judía.

En el camino a Damasco, Pablo tuvo una revelación divina del Rabino Jesucristo de Nazaret, y la Biblia dice: «Y al momento le cayeron de los ojos como escamas, y recibió al instante la vista; y levantándose, fue bautizado.» Hechos 9:18

Explicaré la importancia de la Escritura de este versículo en nuestra discusión de Romanos 11.

15 ¿HA RECHAZADO DIOS A ISRAEL?

EL CONCEPTO DE LA TEOLOGÍA de reemplazo es muy popular en las iglesias de Estados Unidos. La teología de reemplazo significa que Israel ha fallado, y que Dios ha reemplazado a Israel con la iglesia. Esto simplemente no es verdad:

> «Pues no habían aún nacido, ni habían hecho aún ni bien ni mal, para que el propósito de Dios conforme a la elección permaneciese, no por las obras sino por el que llama,»
>
> ROMANOS 11:1

Dos veces en Romanos 11:1 Pablo dice que Israel no ha caído y continua siendo la preferida de Dios (ver Romanos 11:1, 11). En el Nuevo Testamento, la palabra Israel es usada setenta y cuatro veces. Es claro que setenta y una de las referencias hablan de la nación de Israel, lo cual es el 96 por ciento del tiempo. No se refiere a la iglesia.

¿Ha alejado Dios a Israel? De ninguna manera. El hecho es que cuando algo es «alejado», nunca escuchamos hablar de eso otra vez. Sin embargo en el libro de Apocalipsis, doce tribus de Israel, y doce mil de cada una de las doce tribus son sellados para presentar el evangelio durante la Gran Tribulación (Apocalipsis 7:4).

Permítame recordarle que durante la Gran Tribulación la iglesia de gentiles está en el Cielo. Los 144.000 quienes serán sellados para presentar el evangelio al mundo serán 144.000 judíos quienes tendrán una revelación sobrenatural de la identidad de Jesucristo como el Mesías, similar a la de Pablo en camino a Damasco. Lo importante aquí es que una nación llamada Israel está viva y coleando durante la Tribulación. Serán parte de lo primero de lo que se ocupara Cristo cuando vuelva a la tierra —el juicio a las naciones. Y la base para este juicio será cómo las naciones de la tierra trataron al pueblo judío y a las naciones de Israel (ver Mateo 25:31-46)

El punto es que si Dios alejó a Israel, ¿por que todavía existe el libro de Apocalipsis? ¿Por qué Dios tiene un juicio para juzgar a las naciones y a los hombres por la manera en que han tratado al pueblo judío desde Génesis hasta la segunda venida?

Dos imágenes de la semilla de Abraham que reflejan en forma clara la diferencia entre Israel y la Iglesia pueden ser encontradas en la Escritura.

La primera de estas imágenes de la semilla de Abraham presenta a los descendientes de Abraham como la «arena del mar». (Ver Génesis 22:17; Hebreos 11:22) La arena es terrenal. Su volumen representa las multitudes de persona de la semilla de Abraham – judíos y árabes.

La segunda imagen de la semilla de Abraham, la encontramos los mismos versículos de las Escrituras. Es «las estrellas del cielo».

> **Las estrellas del cielo representan la iglesia. Las características de las estrellas son las siguientes:**
>
> 1. **Las estrellas producen luz, y la iglesia esta ordenada a ser «la luz del mundo».**
>
> 2. **Las estrellas dominan la noche, como la iglesia tiene la orden de tener poder sobre los principados de la noche.**
>
> 3. **La iglesia reina en lugares celestiales., lo cual, reflejado en Efesios 6, es el rol de la Iglesia.**
>
> 4. **Dios le dio a al pueblo judío tierra física cuyos límites literales fueron dados por Dios en Génesis 15:18-21. Es una tierra específica con Jerusalén como su capital por siempre. A la iglesia le ha sido dado un reino celestial, como Cristo prometió: «En la casa de mi Padre (el cielo) muchas moradas hay; si así no fuera, yo os lo hubiera dicho; voy, pues, a preparar lugar para vosotros. Y si me fuere y os preparare lugar, vendré otra vez, y os tomaré a mí mismo, para que donde yo estoy (con mi padre en el cielo), vosotros también estéis. (Juan 14:2-3)**

A Israel le ha sido dado un reino terrenal con una Jerusalén terrenal, ahora situada en Israel.

La iglesia ha sido dada la nueva Jerusalén ubicada en el cielo.

De la única manera que alguien podría confundir el obvio significado de la Escritura es «espiritualizando» el texto con un sentido alegórico en vez de factual. Es por eso que las Escrituras deben de ser interpretadas por otras Escrituras, presentando mucha atención a quien se está escribiendo como también su propósito, para que no se confunda ni distorsione por demagogos teológicos, llevando a la confusión y a la decepción.

El punto de estas imágenes es esta: las estrellas son celestiales y la arena es terrenal, son únicas y muy diferentes. Una nunca reemplaza la otra. Las estrellas tiene su rol, y la arena tiene su rol, pero nunca interactúan.

UN REMANENTE JUDÍO
ROMANOS 11:2-5

> No ha desechado Dios a su pueblo, al cual desde antes conoció. ¿O no sabéis qué dice de Elías la Escritura, cómo invoca a Dios contra Israel, diciendo: ¿Señor, a tus profetas han dado muerte, y tus altares han derribado; y sólo yo he quedado, y procuran matarme? Pero ¿qué le dice la divina respuesta? Me he reservado siete mil hombres, que no han doblado la rodilla delante de Baal. Así también aun en este tiempo ha quedado un remanente escogido por gracia.
>
> ROMANOS 11:2-5

Pablo valida que Dios no ha alejado a Israel, porque Pablo es judío, de la tribu de Benjamín. Y el, por lo menos, representa un «remanente de uno». La lógica de Pablo es esta: si hay por lo menos un judío en este remanente electo, entonces Dios no ha rechazado a Israel.

Pablo expande la imagen con la historia del profeta Elías. Elías desafió a los sacerdotes de Baal a llamar al cielo para recibir fuego para consumar el sacrificio. Cuando los sacerdotes de Baal fallaron, el Dios de Abraham, Isaac, y Jacob consumió el sacrificio con todo fuego consumador devorando el sacrificio, la madera las piedras, la tierra y el agua en la fosa alrededor del sacrificio, Elías entonces mató a cuatrocientos profetas de Baal, concluyendo la reunión de los servicios del campamento en la cima del Monte Carmel.

Cuando la Reina Jezabel escuchó las noticias, juro matar a Elías rápidamente como venganza. Elías cansado y deprimido escapó para salvar su vida el desierto de Sinaí.

A la mañana siguiente Dios le pregunto a Elías: «Que haces aquí Elías?

Elías respondió: «He sentido un vivo celo por Jehová Dios de los ejércitos; porque los hijos de Israel han dejado tu pacto, han derribado tus altares, y han matado a espada a tus profetas; y sólo yo he quedado, y me buscan para quitarme la vida.» (Ver 1 Reyes 19).

Escuche con atención la respuesta de Dios a la respuesta depresiva de Elías: «Y yo haré que queden en Israel siete mil, cuyas rodillas no se doblaron ante Baal». (Ver versículo 18).

Hecho: Elías, como el profeta debería haber sabido de esos siete mil fieles seguidores de Jehová Dios. Existía un grupo aun mucho mayor en el remanente de Israel de lo que Elías sabia o se imaginaba cuando dio su discurso de «sólo yo he quedado».

San Pablo construyó entonces sobre la historia de Elías, escribiendo: «Así también aun en este tiempo ha quedado un remanente (el pueblo judío) escogido por gracia.» Romanos 11:5

Note el progreso del pensamiento de Pablo:

1. Romanos 9:27 declara que «el remanente será salvado».

2. Romanos 9:25-26 declara que no todos los judíos serían salvos y algunos gentiles lo serían.

3. Romanos 11:1 valida que Dios no ha rechazado a Israel

4. Al final, «Toda Israel será salvo» (Rom. 11:26)

Dios siempre ha preservado un remanente del pueblo judío, y como Elías, el remanente es mucho mayor de lo que creen algunos líderes espirituales. Cuando leemos «Todo Israel será salvo», en Romanos 11:26, hemos progresadote un remanente de uno (San Pablo v. 1) a un remanente de siete mil (v. 4) a la sorpresiva proclamación, «Toda Israel será salvo» (v. 26). La palabra de Dios pinta el retrato que Israel tiene un futuro seguro y brillante.

Pablo dice muy claro en Romanos 11:6 que esta divina elección es solamente por gracia tanto para los cristianos como para los judíos. Son culpables de tratar de establecer su justicia por obras. La obras podrán reflejar su amor por Dios, pero de ninguna manera pueden hacerle justo. La Biblia dice, «No hay justo, ni aun uno» (Romanos 3:10).

Yo crecí en el hogar de un devoto pastor pentecostal., quien sirvió a Dios durante 40 años con distinción y cumplimiento. Sin embargo, teníamos más reglas que la IRS. Esas tontas, inventadas, religiosas reglas eran predicadas bajo la bandera de «santidad». Algunas de estas reglas eran:

+ No irás a ver películas.

+ No jugarás a las cartas, al dominó, al Monopoly. ¿Por qué el Monopoly? Porque el Monopoly tenía dados y teníamos prohibido tener hasta lo que parecía malo.

+ No iras a ningún baile- de hecho no muevas tus pies mientras cantas los himnos, o te acusarán de bailar.

+ No iras a ver juegos de pelota. ¿Por qué? Porque en los juegos de pelota se vende cerveza y las porristas tiene polleras cortas y te pueden corromper.

+ No saldrás en una cita con nadie que no sea pentecostal.

+ No te asociarás con el mundo bajo ninguna circunstancia. Olvídate que Jesucristo comía con recolectores de impuestos y prostitutas −debes separarte del mundo.

Si yo me tomase el tiempo y el espacio para listar todas estas reglas tontas, no lo podría usted creer.

Si uno obedecía estas reglas tontas en este particular tipo de iglesia pentecostal, erasconsiderado «santo». Olvídese de que tal vez tuviera una lengua «filosa» como para cortar un arbusto. Olvídese de su naturaleza poco amorosa y su espíritu que no perdona, del cual Hitler podría aprender. Uno era considerado «santo» si obedecía estas reglas. Era incorrecto en el Antiguo Testamento. Es incorrecto en el Pentecostalismo. Siempre será incorrecto.

No somos santos o justos por seguir unas reglas hechas por hombres para mantenernos justos ante Dios. Eso es legalismo −y Dios odia el legalismo con mucha pasión.

¿Por qué? Porque si uno pudieses vivir guardando ciertas reglas y entonces ser «santo», sus obras serían el origen de su salvación.

Tú eres hecho justo por el sacrificio en la cruz. En la Escritura, la salvación es simple. «Cree en el Señor Jesucristo y serás salvo». Olvídate de la enciclopedia de reglas hechas por el hombre. Quémalas! Tú eres hecho santo por el trabajo de la cruz.

CEGUERA DIVINA
ROMANOS 11:7-10

¿Qué pues? Lo que buscaba Israel no lo ha alcanzado; pero
los escogidos sí lo han alcanzado, y los demás fueron endurecidos; como está escrito: Dios les dio espíritu de estupor, ojos
con que no vean y oídos con que no oigan, hasta el día de hoy.
Y David dice: sea vuelto su convite en trampa y en red, En
tropezadero y en retribución; sean oscurecidos sus ojos para
que no vean, y agóbiales la espalda para siempre.

ROMANOS 11:7-10 (ÉNFASIS AGREGADO)

Pablo ahora cubre el tema de Dios, por su propia Mano, causa ceguedad
divina con respecto al Mesías viviendo sobre el pueblo Judío. El hecho de
que el pueblo judío estaban cegados a la identidad del Mesías esta verifi-
cada tres veces en Romanos 11: «los demás fueron endurecidos» (v. 7)
«Sean oscurecidos sus ojos para que no vean» (v. 10) «ha acontecido a
Israel endurecimiento en parte, hasta que haya entrado la plenitud de los
gentiles» v. 25).

Romanos 11:32 establece: «Porque Dios sujetó a todos en desobediencia, para tener misericordia de todos.» Este verso significa que Dios ence-
rró al pueblo judío en la no creencia.

Pablo continuo escribiendo sobre la ceguera del Pueblo judío con respecto a la identidad verdadera de Cristo en 1 Corintios 3: 12-15:

Y si sobre este fundamento alguno edificare oro, plata, piedras preciosas, madera, heno, hojarasca, la obra de cada uno
se hará manifiesta; porque el día la declarará, pues por el
fuego será revelada; y la obra de cada uno cuál sea, el fuego la
probará. Si permaneciere la obra de alguno que sobreedificó,
recibirá recompensa. Si la obra de alguno se quemare, él
sufrirá pérdida, si bien él mismo será salvo, aunque así como
por fuego.

Una pregunta crítica para hacerse en este punto es ¿cuando comenzó
esta ceguera espiritual?

La Escritura es clara que esta ceguera espiritual comenzó cuando Moisés estaba guiando a los hijos de Israel afuera de Egipto a la tierra Prometida. El había sido su líder por cuarenta años, y había hecho esta sorprendente declaración al pueblo judío:

> Moisés, pues, llamó a todo Israel, y les dijo: Vosotros habéis visto todo lo que Jehová ha hecho delante de vuestros ojos en la tierra de Egipto a Faraón y a todos sus siervos, y a toda su tierra, las grandes pruebas que vieron vuestros ojos, las señales y las grandes maravillas.
> Pero hasta hoy Jehová no os ha dado corazón para entender, ni ojos para ver, ni oídos para oír.
> DEUTERONOMIO 29: 2-4 (ÉNFASIS AGREGADO)

Esta ceguera y sordera espiritual continúo y es confirmada por el profeta Isaías, quien escribió:

> Y dijo: Anda, y di a este pueblo: Oíd bien, y no entendáis; ved por cierto, mas no comprendáis.
> Engruesa el corazón de este pueblo, y agrava sus oídos, y ciega sus ojos, para que no vea con sus ojos, ni oiga con sus oídos, ni su corazón entienda, ni se convierta, y haya para él sanidad.
> ISAÍAS 6:9-10 (ÉNFASIS AGREGADO)

Jesús de Nazaret les dejó esto en claro a Sus doce discípulos porque Él enseñaba al pueblo judío en parábolas. La respuesta de Cristo es sorpresiva y contiene una revelación mayor:

> Entonces, acercándose los discípulos, le dijeron: ¿Por qué les hablas por parábolas? El respondiendo, les dijo: Porque a vosotros os es dado saber los misterios del reino de los cielos; mas a ellos no les es dado. Porque a cualquiera que tiene, se le dará, y tendrá más; pero al que no tiene, aun lo que tiene le será quitado. Por eso les habló por parábolas: porque viendo no ven, y oyendo no oyen, ni entienden. De manera que se cumple en ellos la profecía de Isaías, que dijo: De oído oiréis, y no entenderéis; Y viendo veréis, y no percibiréis.
> MATEO 13:10-14

Nuevamente, Pablo nos confirma que esta ceguera dada por Dios a la identidad del Mesías todavía esta en su lugar veinte años después de la cruz:

> «La restauración de Israel Porque no quiero, hermanos, que ignoréis este misterio, para que no seáis arrogantes en cuanto a vosotros mismos: que ha acontecido a Israel endurecimiento en parte, hasta que haya entrado la plenitud de los gentiles.»
>
> ROMANOS 11:25

Cuando se acabara esta ceguera. La ceguera a la identidad del Mesías como una nación permanecerá siempre que la iglesia de los gentiles este sobre la tierra. Es de notar que tanto Moisés e Isaías dijeron que oídos judíos eran espiritualmente sordos. El punto es esto. La Biblia dice, «sí que la fe es por el oír, y el oír, por la palabra de Dios.» (Romanos 10:17) si Dios hizo que el pueblo judío fuese sordo al escuchar el evangelio ¿Cuáles son sus opciones?

En la historia de José, Dios lo hizo muy claro cuando y como esta ceguera dad por Dios se terminará. Recuerda que el Antiguo Testamento es la voluntad de Dios escondida, y el Nuevo Testamento es la voluntad de Dios revelada.

EXAMINEMOS LAS VIDAS DE JOSÉ Y JESÚS EN LAS ESCRITURAS.

1. Los nombres de José y Jesús proviene de la misma raíz hebrea.

2. José era el hijo favorito de su padres. Jesús era el único y adorado hijo de su padre.

3. José tenía un saco de muchos colores, que representaba la realeza Jesús tenía una saco de tanto valor que los soldados romanos peleaban por el a los pies de la cruz, donde estaba colgado «Rey de los Judíos».

4. José fue enviado a sus hermanos en el campo con alimento. Jesús fue enviado por su Padre a la tierra como el pan de vida, como agua viva, como leche para infantes espirituales y carne para hombres.

5. José fue rechazado por sus hermanos y vendido a los Mediani-
tas, quienes lo llevaron a Egipto. Jesús «vino a los suyos, pero
los suyos no lo recibieron», y fue vendido por Judas por treinta
monedas d plata.

6. José fue acusado falsamente de violación por la esposa de Potifar
y enviado a prisión. Jesucristo fue acusado falsamente por los
fariseo es como un demoníaco, un borracho, y un hereje. Por esto
fue ejecutado por Roma y entro en las prisión de la muerte.

7. José salio de la prisión y en forma instantánea se convirtió en el
primer ministro de Egipto, parándose a la derecha del hombre
más poderoso de la tierra, Faraón. Jesús salio de la prisión de la
muerte y de forma instantánea subió al cielo parándose a la
derecha de Dios el Padre, la más poderosa fuerza del universo.

8. El hambre y la desnutrición llevaron a los hermanos de José a
Egipto para ver el hermano que rechazaron y no sabían. José
estaba vestido como un Egipcio, hablo como un Egipcio y estaba
casado con una esposa Gentil con dos hijos, Manases y Efraín.

   La mujer de José representa la iglesia gentil, y sus dos hijos
sus hijos espirituales. Debe ser recordado que Manases y Efraín
recibieron la herencia de lleno con una nación Israel.

   Recuerda que José no se reveló a sus hermanos hasta que
los gentiles se habían salido de la habitación. Esto para mi significa que Cristo no se revelara a los judíos hasta el rapto cuando la iglesia sea removida de la tierra.

Otro misterio en la historia de José y sus hermanos es que José sentó a sus hermanos en el banquete por orden de nacimiento. Solo José podría saber el orden natural. Esto para mi significa que Dios esta ahora llamando a los judíos de mundo para que vuelvan a Israel para que haya una significativa representación de de cada una de las doce tribus de Israel. Dios llamará a los 144.000 judíos (12.000 de cada una de las tribus) para llevar el mensaje del cielo a las cuatro esquinas de las tierras en era de la Tribulación.

Lo hermanos de José vinieron A Egipto tres veces en busca de alimento antes de que José se revelara a ellos como su cuerpo y sangre. El pueblo judío ha entrado ya en la tierra Prometida de Israel por tercera vez. La primera vez fue con Josué, la segunda vez con Nehemías para reconstruir el muro, y la tercera vez que vinieron fue mayo 14 1948, cuando la nación de Israel renació en el milagro profético más grande de todas las épocas.

En la tercera vez en la tierra, la revelación de la identidad real de José fue hecha conocida a sus hermanos, ahora que el pueblo judío, la familia de Jesucristo, ha entrado a Israel por tercera vez, su verdadera identidad será hecha a conocer en el futuro cercano.

¿Qué hicieron los hermanos de Jesús cuando vieron la circuncisión de José (la cual los egipcios no tienen y reconocieron sin duda alguna que José era realmente carne de su carne y huesos de sus huesos? Cayeron sobre sus hombros y lloraron tan fuerte que se los escuchó a través de todo el palacio. Lloraron sin consolación.

¿Qué dice el profeta Zacarías que sucederá cuando el pueblo judío en un futuro cercano reconozca que Jesús es realmente su José?

Escuche la descripción de Zacarías:

> Derramaré sobre la casa de David, y sobre los moradores de Jerusalén, espíritu de gracia y de oración; y mirarán a mí, a quien traspasaron, y llorarán como se llora por hijo unigénito, afligiéndose por él como quien se aflige por el primogénito.
>
> ZACARÍAS 12:10

¿Cuando finalizara la ceguera dada por Dios sobre los judíos con respecto la identidad del Mesías? Esta ceguera espiritual terminará cuando Cristo regrese a la tierra y ellos vean las cicatrices en sus manos de la crucifixión romana.

¿Es esta ceguera dada a todo el pueblo judío? ¡La respuesta es que absolutamente no! Esto nos trae a nuestro siguiente concepto.

PROPAGACIÓN VERSUS REVELACIÓN

Definamos propagación y revelación. Propagación define un mensajero que proclama un mensaje, como un pastor o evangelista que proclama el evangelio. Revelación es el levantamiento de una barrera sobre natural para ver lo que no era conocido. El libro de Apocalipsis es el remover del mal para que los ojos de Juan pudiesen ver el futuro de la iglesia.

Los gentiles vienen a Cristo por la propagación del evangelio. Yo he predicado en auditorios, casamientos, estadios de fútbol y a una audiencia masiva en Nigeria de más de tres millones al aire libre. Cuando predicas el evangelio a los gentiles, es muy común que cientos y también miles respondan a la invitación de recibir a Cristo. Este es el poder del evangelio y el mensaje de proclamar la verdad de Jesucristo como Señor y Salvador.

Esto no es verdad en el caso del pueblo judío, quienes han sido juiciosamente cegados a la identidad del Mesías. Esto es confirmado por David, quien San Pablo cita en Romanos 11:10:

> «Sean oscurecidos sus ojos para que no vean».

La traducción mas correcta para este versículo es «Dejaos ser juiciosamente cegados para que no puedan ver».

Entonces ¿Cómo reconoce el pueblo judío desde la época de Cristo a ahora la verdadera identidad de Cristo? La respuesta es que aquellos que reconocen a Cristo como Mesías lo hacen a través de la revelación divina, como lo hicieron los doce discípulos de que seguían a Cristo (Mat. 13:11) y el apóstol Pablo en el camino a Damasco.

Volvamos a Mateo 13 donde Jesús está enseñando al pueblo judío en parábolas. Los discípulos le preguntan a Cristo por qué esta enseñando a los judíos en parábolas.

Cristo responde: «Porque a vosotros (los discípulos) os es dado saber los misterios del reino de los cielos (revelación); mas a ellos no les es dado» (v. 11).

El punto es hecho muy claro que el pueblo judío quienes vienen a reconocer a Jesús como Mesías lo hacen por el proceso de revelación divina de Dios. Sin embargo, es imperativo que toda verdad espiritual sea establecida por dos o más testigos dentro de la Palabra de Dios. La Escritura siempre debe ser interpretada por Escritura para que la verdad divina no se corrompa por el conocimiento carnal o por subjetivismo.

El principio espiritual es que el pueblo judío hoy reconoce a Jesucristo por revelación. ¿Existe otro testigo además de Jesús en Mateo 13?

Si, la conversión de San Pablo en Hechos Capítulo 9. Su nombre es Saulo cuando abre el drama del capítulo 9. Nació en la ciudad de Tarso, como confirmado en Hechos 22:3. Su nacimiento ocurre entre A.D 1 y A.D 5. Saulo creció en una cultura griega permaneció a fiel a sus raíces judías toda su vida (Romanos 11:1, Fil 3:5). Su familia era rica y tenia mucha influencia social (Hechos 22:28) y tenían el poder como judíos de obtener ciudadanía romana.

Pablo era un Fariseo entre Fariseos quien recibió su educación del maestro Gamaliel (Hechos 22:3) Algunos teólogos creen que alguna vez,

Saulo debe de haber estado casado, ya que el matrimonio le permitía a los fariseos mayor nivel de promoción.

Cunado abre el drama del capítulo 9, Saulo había lanzado un perverso ataque sobre los seguidores de Jesús, y los metía en prisión para ser golpeado y matado. Cuando se acerca a las puertas de la ciudad de Jerusalén, de pronto huna luz brillante desde el lo rodeo.

Pablo tuvo un encuentro drástico cara a cara con Jesucristo., la luz del mundo. Fue totalmente enceguecido físicamente por tres días y llevado de la mando como un niño a la casa de Ananias, quien vivía en la calle derecha.

Ananías impuso sus manos sobre Saulo y oró esta oración ¡Examínala desde cerca!

> Fue entonces Ananás y entró en la casa, y poniendo sobre él las manos, dijo: Hermano Saulo, el Señor Jesús, que se te apareció en el camino por donde venías, me ha enviado para que recibas la vista y seas lleno del Espíritu Santo. Y al momento le cayeron de los ojos como escamas, y recibió al instante la vista; y levantándose, fue bautizado.
>
> HECHOS 9: 17-18

Pablo es aun otro testigo que el pueblo judío reconoce a Jesús por la revelación de Dios.

Así como Pablo es testigo de la revelación de Dios como el Mesías en Hechos 9, habrá 144.000 testigos judíos en la tribulación quienes tendrán una experiencia similar, con 12.000 judíos de cada tribu protegidos por la mano de Dios y sellados por El en sus frentes. (Apoc 7:3). Llenarán la tierra, y serán testigos sus pares judíos de que han tenido una visitación sobrenatural y ahora reconocen a cristo el Mesías.

Algunas organizaciones que apuntan a judíos para la conversión utilizan la frase de Romanos 1:16, la cual declara que «al judío primeramente». Miremos a toda la Escritura y veamos qué dice realmente.

> Porque no me avergüenzo del evangelio, porque es poder de Dios para salvación a todo aquel que cree; al judío primeramente, y también al griego.
>
> ROMANOS 1:16

Es claro que el sujeto de esta oración es el evangelio de Cristo.

La frase «al judío primeramente» es un tema de secuencia —no de preferencia. Pablo esta diciendo que la palabra de dios le vino primero a los judíos, los cual es un hechos histórico. Más tarde le vino a los Gentiles. El confirma en romanos3:1-2: «¿Qué ventaja tiene, pues, el judío? ¿O de qué aprovecha la circuncisión?

¡Mucho, en todas maneras! Primero, ciertamente, que les ha sido confiada la palabra de Dios.

Decir que Dios prefiere ver la salvación de los judíos sobre la de los gentiles es decir que Dios es un «respetador de personas», lo cual la Biblia niega. Romanos 1:16 dice en forma clara que la Palabra de dios vino al pueblo judío primero como secuencia —no preferencia.

16 DIOS BENDICE A LOS GENTILES QUE BENDICEN A ISRAEL

La inhabilidad de los judíos de reconocer a Jesús como el Mesías le colaboró a los judíos trayéndoles la oportunidad de salvación.

> Digo, pues: ¿Han tropezado los de Israel para que cayesen? En ninguna manera; pero por su trasgresión vino la salvación a los gentiles, para provocarles a celos. Y si su trasgresión es la riqueza del mundo, y su defección la riqueza de los gentiles, ¿cuánto más su plena restauración?
>
> ROMANOS 11:11-12

Con la salvación de los gentiles Dios tenía la intención de provocar celos en los judíos provocándolos para que busquen y clamen una parte en la bendición de este nuevo pacto. [1]

En Lucas capítulo 7, el siervo de un centurión fue sanado por el Rabino Jesús de Nazaret, quien, siendo un judío practicante no entraría en la casa de un gentil. El centurión romano le pregunta los ancianos judíos qué es los que puede hacer para llegar a Jesús de Nazaret para que entre es su casa y ore por su siervo. Los ancianos van a Jesús y le ruegan en forma sincera que los ayude, diciendo que el centurión romano merecía ser ayudado (ver Lucas 7:1-10). Los ancianos le dicen a Jesús: porque ama a nuestra nación, y nos edificó una sinagoga (v. 5). El punto es este, un acto de bondad de parte de un gentil provoca que Jesús entre en la casa del centurión y sana a su siervo enfermo, cumpliendo con el acto de Jesús con Abraham «Bendeciré aquellos que te bendicen...»

La tragedia de historia ha sido que por dos mil años, el cristianismo reconocido no ha provocado en los judíos a ser celosos por su bondad, pero ha producido una cosecha de odio que ha llevadota los judíos a sentir miedo por aquellos que empezaron una guerra debajo de la cruz.

Cuando las Cruzadas católico-romanas entraron en la ciudad de –Jerusalén en 1099, atraparon a más de novecientos mujeres y niños judíos en su sinagoga y los quemaron vivos cantando «Cristo te adoramos». Este tipo de «cristianismo» no es diferente del taliban que se ata la bomba al cuerpo y asesina a judíos que se niegan a creer en el Islam.

En el siglo veinte, seis millones de judíos fueron sistemáticamente asesinados por Adolfo Hitler. Hitler y sus monstruosos nazis nunca fueron ni severamente retados por el Papa, ni excomulgados de la iglesia por sus crímenes en contra de la humanidad.

Es hora de que el cristianismo llegue a nuestros hermanos y hermanas judíos, demostrando el amor incondicional de Dios, los cual es lo que San Pablo ordenaba en Romanos 15:27:

Pues les pareció bueno, y son deudores a ellos; porque si los gentiles han sido hechos participantes de sus bienes espirituales, deben también ellos ministrarles de los materiales (Romanos 15:27)

¿Qué riquezas le vinieron a los gentiles porque el pueblo judío tropezó con la piedra de tropiezo, la cual era Jesús de Nazaret?:

RIQUEZAS PARA EL CREYENTE GENTIL:

- Como gentiles, recibimos las inalcanzables riquezas del evangelio de Cristo.
- Recibimos las riquezas de las bendiciones de Abraham, la cuales no conocen límite.
- Recibimos las riquezas de la fe, por las cuales los tesoros en el cielo nos son hechos posibles a cada uno de nosotros.,
- Recibimos las riquezas del arrepentimiento través de las cuales nos convertimos, cada uno, en hijos de Dios.
- Recibimos las riquezas de su amor, gozo y paz eterna en el Espíritu Santo.
- Recibimos las riquezas de la salvación por gracia a través de la fe
- Recibimos las riquezas de la adopción y las riquezas de ser herederos y coherederos con Cristo Jesús.

Las riquezas que vinieron a los gentiles porque los judíos tropezaron con la identidad de Jesucristo ilimitadas y más allá de nuestro conocimiento.

VIDA A PARTIR DE LOS MUERTOS

Porque si su exclusión es la reconciliación del mundo, ¿qué será su admisión, sino vida de entre los muertos?

ROMANOS 11:15

San Pablo esta haciendo una predicción sobre del futuro de Israel de que habrá una resurrección nacional espiritual que será tan dramática que será como alguien que regresa a la vida de la muerte. Cómo puede suceder tal cosa?. Recuerden mis amigos: «más para Dios todo es posible» (Mateo 19:26) Cómo y cuándo Dios traerá una resurrección espiritual es algo conocido solo por Él.

En Ezequiel 37, Ezequiel describe esto cuando Dios le muestra a la nación de Israel como un valle lleno de huesoso secos. Los huesos estaban «muy secos» lo cual significaba que habían estado muertos por mucho tiempo. Israel como nación estuvo muerta por casi dos mil años. Dios le ordenó a Ezequiel que profetizase sobre los huesos muertos. Ezequiel obedece en el momento la voz del Señor, ya que la obediencia es mejor que el sacrificio.

El valle de huesos secos se va juntando en forma milagros a medida que Ezequiel habla. Después vienen, los músculos, la carne, la piel y aquellos huesos se pararon formando un gran batallón. No hay ninguna duda de que esto es la nación de Israel: porque la Escritura dice:

Hijo de hombre, todos estos huesos son la casa de Israel

EZEQUIEL 37:11

Israel nace otra vez y crece hoy en día como una fuerte nación en democracia. Ahora estamos esperando la resurrección espiritual de los judíos: Ezequiel la describe de la siguiente manera:

Ni se contaminarán ya más con sus ídolos, con sus abominaciones y con todas sus rebeliones; y los salvaré de todas sus rebeliones con las cuales pecaron, y los limpiaré; y me serán por pueblo, y yo a ellos por Dios. Mi siervo David será rey sobre ellos, y todos ellos tendrán un solo pastor; y andarán en mis preceptos, y mis estatutos guardarán, y los pondrán por obra. Habitarán en la tierra que di a mi siervo Jacob, en la cual habitaron vuestros padres; en ella habitarán ellos, sus hijos y los hijos de sus hijos para siempre; y mi siervo David será príncipe de ellos para siempre. Y haré con ellos pacto de paz, pacto perpetuo será con ellos; y los estableceré y los multiplicaré, y pondré mi santuario entre ellos para siempre. Estará en medio de ellos mi tabernáculo, y seré a ellos por Dios, y ellos me serán por pueblo. Y sabrán las naciones que yo Jehová santifico a Israel, estando mi santuario en medio de ellos para siempre.

EZEQUIEL 37:23-28

Cuente con eso. El amor de Dios por Israel no tiene límites debido a los patriarcas. Este despertar espiritual, el cual es claramente profetizado por Ezequiel, está comenzando ahora y pronto explotará en una realidad global. Es la hora de que Dios derrame su espíritu de Gracia sobre la casa de Israel y el pueblo judío.

LA RAÍZ JUDÍA ES BENDITA
ROMANOS 11:16

Si las primicias son santas, también lo es la masa restante; y si la raíz es santa, también lo son las ramas.

ROMANOS 11:16

La Biblia dice que «Seguid la paz con todos, y la santidad, sin la cual nadie verá al Señor» (Hebreos 12:14). La palabra de Dios está saturada con el concepto de santidad. Nuestra Biblia se llama la Santa Biblia. Jerusalén se llama la Ciudad Santa. Cuando nos reunimos en la casa del Señor, estamos en tierra santa. El aceite de la unción que rompe todo yugo es el aceite santo de unción. El tabernáculo tiene el Santo de los Santos donde Dios mismo está justo en este momento visitando la antigua Israel. Los ángeles están alrededor del trono de Dios en éste momento gritando en unión «Santo, santo santo», día y noche.

En Romanos 11:16, Pablo captura el tema, diciendo que la masa inicial que hace que el pan *challah* sea santo, indica que todo el pan es santo. El concepto le fue dado a Israel primero en Números 15:20-21, describiendo una «torta» pequeña cocinada de masa separada para Dios. Todo pan cocinado después de eso de la «masa santa» hace que todo el pan sea santo.

Pablo toma el mismo concepto y lo aplica a un olivo, símbolo de Israel.

Pablo dice «si la raíz es santa, entonces también las ramas».

La raíz del olivo es Abraham, Isaac y Jacob. En Romanos 11:28 Pablo escribe que Israel es «amado(s) por causa de los padres». Los padres son Abraham, Isaac, Y Jacob.

Ahora sigue la transición de Pablo. Si las raíces son santas (Abraham, Isaac y Jacob), las ramas son santas (v. 16) ¿Quiénes son las ramas que crecen de la raíz santa? Estas ramas con los judíos justos, pero no necesariamente todos los judíos.

Nota que el versículo 17 «alguna de las ramas fueron desgajadas». Esto significa que algunos judíos individuales han sido disciplinados por Dios y están desgajados en forma temporaria (v. 23). La lógica establece que si alguna de las ramas es desgajada, otras ramas sigue apegadas al árbol y son santas. Pablo es claro cuando dice que el pueblo judío continúa siendo el pueblo de Dios y son considerados por Dios como santos.

EL ÁRBOL DE OLIVO SALVAJE
ROMANOS 11:17:24

Pablo ahora vuelca su atención a los gentiles. Escribe:

> Pues si algunas de las ramas fueron desgajadas, y tú, siendo olivo silvestre, has sido injertado en lugar de ellas, y has sido hecho participante de la raíz y de la rica savia del olivo, no te jactes contra las ramas; y si te jactas, sabe que no sustentas tú a la raíz, sino la raíz a ti. Pues las ramas, dirás, fueron desgajadas para que yo fuese injertado. Bien; por su incredulidad fueron desgajadas, pero tú por la fe estás en pie. No te ensoberbezcas, sino teme. Porque si Dios no perdonó a las ramas naturales, a ti tampoco te perdonará. Mira, pues, la bondad y la severidad de Dios; la severidad ciertamente para con los que cayeron, pero la bondad para contigo, si permaneces en esa bondad; pues de otra manera tú también serás cortado. Y aun ellos, si no permanecieren en incredulidad, serán injertados, pues poderoso es Dios para volverlos a injertar. Porque si tú fuiste cortado del que por naturaleza es olivo silvestre, y contra naturaleza fuiste injertado en el buen olivo, ¿cuánto más éstos, que son las ramas naturales, serán injertados en su propio olivo?
>
> ROMANOS 11:17:24

Revisemos la anatomía espiritual de este árbol de olivo que Pablo está presentando.

Primero, sus raíces son los patriarcas Abraham, Isaac y Jacob. Las ramas han sido desgajadas por generaciones de judíos no creyentes y las ramas «agregadas» son los gentiles creyentes. Por favor recuerda que existen ramas que todavía están agarradas al árbol.

Teólogos han debatido que estas ramas salvajes (gentiles) no pueden ser agregadas a un árbol de Olivo natural. Mientras esto es verdad en la naturaleza de la ciencia de la horticultura, Pablo dice en el versículo 24 que la rama salvaje de olivo es agregada «contraria a la naturaleza». Esto significa que el agregado de los gentiles es un acto sobrenatural de Dios.

UNA ADVERTENCIA A LOS GENTILES

San Pablo comienza hablando a los gentiles en el versículo 13 («porque les hablo a ustedes gentiles») y les continúa hablando hasta el versículo 25. En los versículos 17 al 22, les advierte a los gentiles que no se enorgullezcan contra el judaísmo debido al favor que Dios ha dado a los gentiles por el tiempo próximo.

Los gentiles no buscaron a Dios, sin embargo tienen ahora una parte en las herencias de Abraham. Las transplantas ramas del olivo «comparten las riquezas» del árbol del olivo. ¿Cuál tendría que ser la actitud del los gentiles hacia el pueblo judío? Pablo ordena a todos los creyentes gentiles de todas las generaciones que «no se enorgullezcan de sus ramas» (v. 18). En su arrogancia, ¿podrían enorgullecerse del favor de Dios que les ha dado como gentiles? Deben de recordar que la raíz judía los sostiene, no ellos a la raíz. (v. 18). Los gentiles no le dan vida al árbol sino que toman vida del árbol, el cual recibe vida desde su origen en la raíz la cual es Judía, siendo Abraham, Isaac y Jacob.

Entonces Pablo permite que una persona gentil imaginaria levante su voz en opinión y diga: (v. 19) «Las ramas fueron desgajadas para que yo pueda ser agregado»

Esta declaración es hecha por aquellos que enseñan que la iglesia ha reemplazado a Israel en la economía de Dios. Los teólogos de la teoría de reemplazo enseñan que Israel no tienen ningún rol en el futura obra de Dios. Su tiempo ha pasado, ellos enseñan, ahora que nosotros (gentiles) somos el pueblo de Dios. ¡Esta enseñanzaza es falsa doctrina!

Pablo dice muy claramente que la raíz del árbol es judía, y muchas ramas naturales (gente judía) están arraigadas al árbol. Israel tiene un prominente e invariable lugar en la economía de Dios por siempre. La descripción de Pablo destruye la teología de reemplazo, específicamente en Romanos 11:1 y 11 diciendo que no es cierto.

Pablo entonces recuerda a cualquier arrogante Cristiano gentil «No te ensoberbezcas, sino teme» (v. 20) ¿Por qué temer?

Los cristianos deberían temer porque «Porque si Dios no perdonó a las ramas naturales, a ti tampoco te perdonará.» (v. 21) El lenguaje usando en griego aquí es fuerte. Pablo utiliza la palabra *kata phusis* (natural) y *para phusis* (no natural) en Romanos 11:24. El punto es sorprendente, pero inequívoco. El pueblo judío era natural para Dios, pero los gentiles son ramas no naturales para la economía de Dios.

Al utilizar la palabra «perdonará» Pablo nos recuerda Romanos 8:32. Abraham, actuando bajo órdenes de Dios, era capaz de no perdonar a su hijo Isaac, sino ofrecerlo como sacrificio para probar su absoluta devoción a Dios.

¿Es demasiado creer que San Pablo esta haciendo una vez una conexión entre el pueblo judío quienes tenían el primer derecho a reclamar ser hijos (Romanos 9:4) y a Jesucristo en la cruz? Si Dios no perdonó a su primer Hijo, Israel, y a su único hijo Jesucristo, ciertamente juzgará a los arrogantes gentiles de manera severa como juzgó a los judíos quienes desobedecieron la Torá. Es por eso que Pablo les dice a los creyentes gentiles «Bien; por su incredulidad fueron desgajadas, pero tú por la fe estás en pie. No te ensoberbezcas, sino teme» Recuerde las palabras de Abraham de parte de Dios: «Bendeciré a los que te bendijeren, y a los que te maldijeren maldeciré; y serán benditas en ti todas las familias de la tierra. (Gen12:3)

EL FUTURO DE DIOS PARA SU PUEBLO ESCOGIDO
ROMANOS 11:23-24

Y aun ellos, si no permanecieren en incredulidad, serán injertados, pues poderoso es Dios para volverlos a injertar. Porque si tú fuiste cortado del que por naturaleza es olivo silvestre, y contra naturaleza fuiste injertado en el buen olivo, ¿cuánto más éstos, que son las ramas naturales, serán injertados en su propio olivo?

ROMANOS 11:23-24

La mayor parte de Romanos11 trata de los propósitos de Dios para el pueblo judío en este tiempo presente. Romanos 11:1 trata el hecho de que Dios no ha alejado a los judíos en este tiempo presente. Romanos 11:5 declara:«sí también aun en este tiempo ha quedado un remanente escogido por gracia». Dios ha escogido divinamente al pueblo judío en este tiempo presente que viene el favor de Dios.,

En Romanos 11:30-31, Pablo se refiere a la salvación del pueblo judío en algún punto del futuro. Pablo dice en Romanos 11:25 que la ceguera de Israel a la identidad del Mesías terminará cuando «haya entrado la plenitud de los gentiles» La plenitud de los gentiles durara hasta Cristo regrese a la tierra. Entonces Pablo planta el versículo mas fuerte de too el libro de romanos «Todo Israel será salvo» (v.26)

Noten el patrón de progresión En Romanos 11 con respecto a la redención del pueblo judío en el futuro.

PATRÓN DEL FUTURO PARA PUEBLO JUDÍO.

- La posibilidad que el pueblo judío pudiese ser injertados en algún punto en el futuro: «serán injertados, pues poderoso es Dios para volverlos a injertar.» (v. 23)

- La probabilidad que el pueblo judío vendrá a la redención en el futuro «Porque si tú fuiste cortado del que por naturaleza es olivo silvestre, y contra naturaleza fuiste injertado en el buen olivo, ¿cuánto más éstos, que son las ramas naturales, serán injertados en su propio olivo?» (v. 24)

- El hecho absoluto, que en un tiempo futuro, redención vendrá a todos los judíos justos. «y luego todo Israel será salvo» (v. 26).

Pablo nos presenta a Dios otra vez como Creador quien llama a aquello que no existía antes y lo levanta de la muerte a la vida. Esta la conexión entre el nacimiento del pueblo judío e Isaac , cuyos padres fueron «como muertos». Recuerde, Abraham y Sara eran estériles en su edad anciana cuando Isaac, el hijo de la promesa, nació.

Ahora Pablo presenta la regeneración del pueblo judío desde «un remanente de acuerdo al la elección de gracia». Pablo lleva sus manos a la boca y grita para que todas las generaciones escuchen «Am Israel Chai», que significa «El pueblo de Israel vive».

Pablo comienza ha resumir su argumento recordándoles a sus lectores Gentiles que una vez mas no sean arrogantes hacia el pueblo judío por el favor que tiene los gentiles ante Dios. Los Gentiles no lo saben, pero están involucrados en un misterio, lo cual es algo diferente a un problema.

Un problema es algo que la inteligencia humana puede de forma eventual entender. Los problemas con movimientos de ajedrez, crucigramas y matrimonios rotos. Pero un misterio es algo que, cuando se conoce la respuesta, la inteligencia humana no puede entenderlo en su totalidad.

EL MISTERIO DEL FUTURO DE ISRAEL
ROMANOS 11:25

Porque no quiero, hermanos, que ignoréis este misterio, para que no seáis arrogantes en cuanto a vosotros mismos: que ha acontecido a Israel endurecimiento en parte, hasta que haya entrado la plenitud de los gentiles.

ROMANOS 11:25

Hay siete misterios de Dios en la Escritura.

LOS SIETE MISTERIOS DE DIOS:

1. Los misterios del Reino de Dios (Mat. 13:11)
2. El misterio del árbol del Olivo (Rom. 11:25)
3. El misterio de Cristo y la iglesia (Ef. 5:32)
4. El misterio de la piedad (1 Tim. 3:16)
5. El misterio del arrebatamiento de la Iglesia (1 Cor. 15:51)
6. El misterio de la iniquidad (2 Tes. 2:7)
7. El misterio de Dios concluido (Ap. 10:7)

Un misterio en la Escritura sobre un futuro evento solo puede ser sabido a través de la revelación divina. Existen siete misterios documentados en la Escritura explicados, y deberían ser conocidos por el cuerpo de Cristo. Pero sin embargo son ignorados por la mayoría de los cristianos

El misterio específico del cual escribe Pablo aquí es «todo Israel será salvo» ¿Por qué es un misterio? De manera obvia, nadie podría haber predicho esto en la época de Pablo sin divina revelación. Hay teólogos quienes pueden literalmente ver la restauración física de la nación de Israel ante sus ojos naturales, y todavía negar que Dios restaurará a Israel.

Pablo comparte con sus lectores gentiles el «endurecimiento» de Israel como algo parcial y temporario. Durará solo hasta que el número completo de gentiles vengan (Romanos 11:25). Pablo está usando casi las mismas palabras de Jesús quien dijo: «y Jerusalén será hollada por los gentiles, hasta que los tiempos de los gentiles se cumplan.» Lucas 21:24.

Las expectativa de Pablo es esta: en algún punto en el futuro cercano, habrá un despertar espiritual masivo en Israel que sorprenderá al mundo y la Palabra de Dios se cumplirá «toda Israel será salvo»

¿Podría ser durante la guerra de Ezequiel en Ezequiel 38 y 39? ¿Es este espíritu nacional del despertar de Israel lo que se refiere Ezequiel en Ezequiel 39: 22,29?:

> Y de aquel día en adelante sabrá la casa de Israel que yo soy Jehová su Dios… Ni esconderé más de ellos mi rostro; porque habré derramado de mi Espíritu sobre la casa de Israel, dice Jehová el Señor.

17 TODO ISRAEL SERÁ SALVO

EL ANTIGUO TESTAMENTO es la voluntad de Dios no revelada. El Nuevo Testamento es la voluntad de Dios revelada. Cuando estudiamos las Escrituras de Pablo descubrimos que él hace una declaración de fe y luego la respalda con hechos del Antiguo Testamento:

> Y luego todo Israel será salvo, como está escrito:
> Vendrá de Sion el Libertador,
> Que apartará de Jacob la impiedad.
> Y este será mi pacto con ellos,
> Cuando yo quite sus pecados.
>
> ROMANOS 11:26-27

Pablo dice «Todo Israel será salvo» tomado de Isaías 59:20-21, el cual dice en la traducción del Septuaginto «y los salvadores vendrán de por la causa de Sion y volverán a Jacob de las cosas que no son de dios. Este será mi pacto con ellos, dijo el Señor»[1]

La declaración de Pablo «Toda Israel será salvo» también está influenciada por el Salmo 14:7:«¡Oh, que de Sion saliera la salvación de Israel!

> Cuando Jehová hiciere volver a los cautivos de su pueblo,
> Se gozará Jacob, y se alegrará Israel.»

Una vez mas el texto habla de un retorno. Pero esta vez habla de una salvación «La salvación vendrá de Sion»

¿Quien es este Salvador de Sion?

Yo creo que San Pablo, Isaías y el Rey David hablaban de Jesús de Nazaret. Esta es mi evidencia , aparte de todas las Escrituras que ya he dado comparando a Moisés con Jesucristo.

Zacarías escribe «derramaré sobre la casa de David, y sobre los moradores de Jerusalén, espíritu de gracia y de oración; y mirarán a mí, a quien traspasaron, y llorarán como se llora por hijo unigénito, afligiéndose por él como quien se aflige por el primogénito.» Zacarías 12:10

Esta es una profecía sorprendente que revela de manera clara quién es este Salvador de Sion

La palabra «traspasaron» en Zacarías 12:10 viene del Hebreo *daqar* lo cual significa «atravesar a alguien con una lanza o espada», aunque en Salmos 22:16 se usa el término hebreo *ariy*: «Ellos traspasaron Mis manos y Mis pies».

La Biblia nos dice de antemano que este «Salvador de Sion» será traspasado de dos formas: traspasado por las manos y pies en la crucifixión (profetizado siglos antes de que se supiese de la crucifixión) y traspasado con la espada o la lanza para morir, lo cual no era algo normal en una crucifixión.

Sin embargo, Jesús de Nazaret es el único hombre que haya caminado sobre el escenario de la historia humana quien podría ser el «Salvador de Israel».

San Pablo ahora trae su complejo y largo argumento a un cierre (Romanos 11:28-32) El pueblo judío, la raza más brillante sobre la faz de la tierra, cegados a la verdadera identidad el Mesías, son ahora «enemigos por tu causa» (v. 28). Pablo declaró anteriormente en Romanos 5:10 con respecto a los gentiles que «somos enemigos de Dios porque estamos en rebelión hacia la voluntad de Dios».

Pablo califica la palabra enemigo en forma inmediata con «por tu causa»

Los gentiles se han beneficiado con la ceguera parcial temporal de Israel hacia el Mesías, recibiendo las innumerables riquezas del Evangelio y la oportunidad de arrepentirse y recibir redención.

Dicho en forma breve, la respuesta judía al mensaje del evangelio ha puesto en las manos de los gentiles la llave de oro que abre la puerta a las riquezas innumerables del reino de Dios. Nosotros que estábamos afuera del pacto hemos sido hechos herederos y coherederos. Hemos sido injertados en el árbol de olivo aunque éramos ramas salvajes, quienes requerían un milagroso y sobrenatural injertado para hacernos uno con Dios el Padre.

Pablo de manera enfática recuerda a sus lectores Gentiles «Los judíos son amados por causa de los padres Abraham, Isaac y Jacob, En tanto como Gentiles y judíos son injertados al árbol de olivo en romanos 11, nosotros, por lo tanto debemos recordar que somos hermanos y hermanas en el reino de dios y debemos trataron con mutuo respeto reflejando esta relación.

En la lógica paulina las buenas obras de los patriarcas construyeron mérito con Dios que las futuras generaciones pueden tomar. La eterna fidelidad de Dios al pueblo judío tiene que ver con la fidelidad de los patriarcas a Dios y a la fidelidad de Dios a su Pacto con el pueblo judío (Romanos 11:29).. Pablo entonces dice:

> Pues como vosotros también en otro tiempo erais desobe-
> dientes a Dios, pero ahora habéis alcanzado misericordia por
> la desobediencia de ellos, así también éstos ahora han sido
> desobedientes, para que por la misericordia concedida a
> vosotros, ellos también alcancen misericordia.
>
> Romanos 11:30- 31

Pablo concluye este capítulo alabando la gloria de dios y su Sabiduría, cuyas formas son imposibles de encontrara. Porque de él, y por él, y para él, son todas las cosas. A él sea la gloria por los siglos. Amén.» (v. 36) Dios es la fuente, el sostén y el objetivo de todo lo que existe. ...A el sea la gloria por siempre. Amen» (v. 36).

CONCLUSIÓN.

REVISEMOS ROMANOS 9-11

1. Romanos 9-11 es de hecho, un codicilo teológico, un documen-to único, que refleja la posición de Dios en cuanto al pueblo judío después de la cruz

2. Romanos 9-11 está escrito exclusivamente con respecto al pue-blo judío, es validado por ocho declaraciones textuales en Romanos 9:4-5.

3. Dios ha elegido un remanente de judíos sobrevivientes «de acuerdo a la gracia de su elección». Este proceso de elección es evidenciado en Ismael, Isaac, Jacob y Esaú, Faraóny finalmente en la vasija que tiene cero habilidad de decirle al alfarero en lo que se va a convertir o cual será el producto final de honor o deshonor.

4. Israel no ha sido alejada o separada de la economía de Dios, como evidenciamos en Romanos11:1 y 11, que dice de manera clara que Israel no ha sido rechazada por Dios. La imagen de Dios de la semilla de Abraham es las estrellas del cielo, repre-sentando la iglesia, y la arena del mar representado al pueblo

judío, diciendo con esto que Israel es terna. Los 144.000 son los escogidos de Israel en Apocalipsis 7. Como puede ser que Israelí no exista en la economía de dios? El juicio de las naciones sobre Israel y cómo las naciones del mundo han tratado a Israel. Si Israel no tiene lugar en la economía de Dios, ¿por qué sería esto así?

5. No todos los judíos están perdidos en este tiempo, ya que algunos han sido escogidos por un dios soberano «escogidos por gracia». Gracia significa que no hemos hecho nada para merecerlo. Dios, en su infinita gracia, ha decidido elegirnos para que estemos en Su divino favor.

6. La doctrina de la divina elección se aplica a las naciones y no a los individuos. Un remanente del pueblo judío ha sido seleccionado en forma divina, y cuando se termina la época Gentil «Todo Israel será salvo». «Todo Israel» será identificado como todos los gentiles y judíos evidenciados por las ramas naturales (los judíos)del árbol de olivo y las ramas no naturales (los gentiles) Romanos 11:17-21)

7. El pueblo judío por su parte ha sido cegado a la identidad del Mesías hasta que el numero completo de gentiles llegue, y entonces «toda Israel será sea salvo» (Romanos 11:25:26)

8. Las raíces del cristianismo son judías (Rom 11:16) y las raíces judías soportan a las cristianas (v. 18)

9. Los gentiles son ordenados por San Pablo para que tengan cuidado de cualquier espíritu de antisemitismo, y cualquier actitud de arrogancia hacia el pueblo judío. , no sea que recaiga sobre ellos el juicio de Dios. Si Dios no perdonó al pueblo judío por su pecado, tampoco lo hará con los gentiles. (Rom 11-20: 22)

10. Un salvador saldrá de Sion y se llevará sus pecados y todo lo impío de Jacob, es decir el pueblo judío (Rom. 11:26). Ese «Salvador de Sion» no es otro que Jesucristo de Nazaret.. Yo creo que mi generación vivirá para verlo a El sentado en el trono del Rey David en el Monte del Templo en la ciudad de Jerusalén, trayendo la era dorada de la paz al mundo. ¡Viene mucho mas pronto de lo que pensamos!

18 CINCO RAZONES POR LAS CUALES LOS CRISTIANOS DEBERÍAN APOYAR A ISRAEL

¡ESTADOS UNIDOS está en una encrucijada! ¿Vamos a creer y obedecer la Palabra de Dios con respecto a Israel o continuaremos equivocándonos y simpatizando con los enemigos de Israel? Nuestro presidente ha jurado actuar ante los terroristas y aquellos que los guardan mientras empujan a Israel y se rebelan contra los palestinos terroristas, quienes son una gran parte del la red internacional terrorista.

Mientras escribo este libro, Israel ha sido forzado a abandonar Gaza. Tristemente, la Unión Europea, las Naciones Unidas y hasta la administración de Bush continúan empujando por la creación de un estado palestino, que se nos dice, vivirá «al lado de Israel en paz».

¿Ha visto en la televisión lo que los «ciudadanos» de este futuro estado hicieron las últimas veinticuatro horas mientras las tropas israelitas salían de Gaza? «Masas de gente llevando e islámicas rompiendo a través de Gaza, robando, disparando armas al aire y luego quemando sinagogas judías hasta el piso. El descontrol no fue completamente inesperado dada la cultura muerte que ha prevalecido en el territorio palestino por años. Cuerpos habían sido exhumados de cementerios judíos durante la evacuación, porque todos sabían que una que los palestinos estuviesen en control las tumbas serian ultrajadas. No ha habido una palabra de condenación ante este comportamiento del líder palestino Mahmod Abbas.

La secretaria de Estado Condolezza Rice, mientras felicitaba tanto a los Israelitas como a los palestinos por su "efectiva coordinación" de manera triste olvido de mención los incendios a las sinagogas.»[1]

El líder mayor de Hamas Mahmoud al-Zahar, en una entrevista con el diario árabe *Ashraq Al Awsat* dijo: «Nosotros no reconocemos un estado llamado Israel...Esta tierra es propiedad de los musulmanes en todas partes del mundo ...dejen morir a Israel.»[2]

¿Es esta la retórica de alguien que quiere vivir lado a lado en paz y armonía con Israel? ¿Es este el socio para la paz que Washington esta forzando sobre Israel?

Lo importante de esta política del Medio Oriente, es este supuesto mapa para la paz, que divide la tierra de Israel para crear un estado terrorista palestino, cuyo objetivo es la destrucción de Israel.

¡Aquí esta el problema!

Dios promete derramar Sus juicio sobre cualquier nación que trate de dividir la tierra de Israel:

> Reuniré a todas las naciones, y las haré descender al valle de Josafat, y allí entraré en juicio con ellas a causa de mi pueblo, y de Israel mi heredad, a quien ellas esparcieron entre las naciones, y repartieron mi tierra.
>
> JOEL 3:2

¿Es clara la palabra de Dios? Habrá graves consecuencias para la nación y las naciones que intenten dividir la tierra de Israel. El amor de Dios por Israel es expresado en las palabras del profeta Zacarías: «porque el que os toca, toca a la niña de su ojo. (Zac 2:8)

Dios continúa expresando su amor por Israel diciendo «Bendeciré a los que te bendijeren, y a los que te maldijeren maldeciré; y serán benditas en ti todas las familias de la tierra. (Gen 2:3)

Esto es y ha sido la política extranjera de Dios hacia el pueblo judío desde Génesis 12 hasta este día. Cualquier hombre o nación que persiga a los judíos o al estado de Israel recibirá el rápido juicio de Dios.

En este mismo momento, Estados Unidos se encuentra atrapada en una guerra con radicales terroristas islámicos, sin provocación, y sin un fin cercano. Estados Unidos es muy vulnerable a los ataques terroristas en el futuro, y las consecuencias podrían ser mucho peor que 3.000 vidas perdidas el 11 de septiembre. Este no es momento para provocar a Dios y desafiarlo para que deje caer Su juicio sobre nuestra nación por ser la fuerza principal de la división de la tierra de Israel.

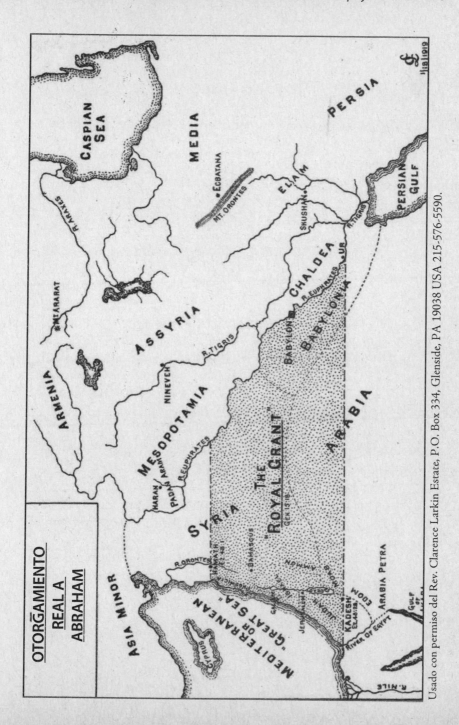

Usado con permiso del Rev. Clarence Larkin Estate, P.O. Box 334, Glenside, PA 19038 USA 215-576-5590.

RAZONES BÍBLICAS:

Hay razones bíblicas por las cuales Estados Unidos y todos los cristianos deben parase con Israel y su reclamo a la tierra.

1. Israel es la única nación creada por un soberano acto de Dios.

Israel le pertenece a ¡Dios Mismo! Como creador del cielo y la tierra (Gen1:1) Dios tiene el derecho de dueño sobre la tierra para dársela a quien El elija. Dios le dio el título de la propiedad de la tierra de Israel a Abraham., Isaac, y Jacob y sus descendientes por siempre (Gen15:18, 17:2-8). Ismael, padre de los árabes, fue excluído del titulo en Génesis 17:19-21. Por lo tanto, los palestinos modernos no tienen un mandato bíblico para adueñarse de la tierra

Los limites del estado De Israel están documentados en la Escritura (ver Números 34:2-15, Josué 11:16-23, 13: 1-22) Los límites son descritos además en Ezequiel 47:13-28 y todo el capítulo 48.

En la página anterior hay un mapa de la tierra dada por Dios a Abraham, Isaac y Jacob y su semilla por siempre.[3]

Cuando Dios estableció las naciones de la tierra, comenzó con Israel. Israel es el centro del universo en la mente de Dios. (Ver Deuteronomio 32:8-10, Números 34:10, Josué 16-22)

2. Los cristianos tienen una deuda de gratitud eterna con el Pueblo judío por sus contribuciones, que dieron el nacimiento de la fe cristiana.

Pablo escribió en Romanos 15:27 «porque si los gentiles han sido hechos participantes de sus bienes espirituales, deben también ellos ministrarles de los materiales».

Jesucristo, un rabino prominente de Nazaret, dijo que la salvación viene de los judíos. (Juan 4:22). Considera al pueblo judío como aquellos que nos dieron el Cristianismo;

+ Las sagradas escrituras
+ Los profetas
+ Los patriarcas
+ Maria, José y Jesús de Nazaret
+ Los doce discípulos
+ Los apóstoles

No sería posible decir «soy cristiano» y no amar al pueblo judío. La Biblia enseña que el amor no es lo que uno dice, sino lo que uno hace (1 Juan 3:18). Alguien dijo

Una campana no es una campana hasta que la hagas sonar
Una canción no es una canción hasta que la cantes
El amor en tu corazón no esta para quedarse allí
El amor no es amor hasta que a alguien se lo das.[4]

3. Jesús nunca negó su judaísmo.

Mientras algunos cristinos tratan de negar la conexión entre Jesús de Nazaret y los judíos del mundo, Jesús nunca negó su judaísmo. El nació judío. Fue circuncidado en el octavo día, de acuerdo a la tradición judía. Tuvo su Bar mitzvah a los 13 años. Guardo la Ley de Moisés. Usó el manto adecuado que Moisés ordenada que todos los hombres judíos usasen. Murió en la cruz con una inscripción que leía «El rey de los judíos».

Jesús consideró al pueblo judío como su familia, Jesús dijo «De cierto os digo que en cuanto lo hicisteis a uno de estos mis hermanos más pequeños, a mí lo hicisteis. (Mateo 25:40)

4. Los cristianos deben apoyar a Israel porque trae las bendiciones de Dios a ellos personalmente.

En el Salmo 122:6 El Rey David ordena a todos los cristianos. «Pedid por la paz de Jerusalén; sean prosperados los que te aman». El principio de la Escritura de la prosperidad esta ligado a la bendición de Israel y la ciudad de Jerusalén.

¿Por qué fue Jesucristo a la casa de Cornelio en Capernaúm para sanar al sirviente que estaba por morir? Jesús fue porque el centurión gentil merecía la bendición de Dios porque había demostrado su amor por los judíos al construir una sinagoga en Israel (Lucas 7:5) Cuando uno hace cosas por bendecir al pueblo judío y al Estado de Israel, Dios le bendice.

¿Por qué eligió Dios Padre la casa de Cornelio Cesárea para que sea el primer hogar gentil en recibir el evangelio? La respuesta se da repetidamente en Hechos 10.

Hechos 10:2 dice: «piadoso y temeroso de Dios con toda su casa, y que hacía muchas limosnas al pueblo, y oraba a Dios siempre.» Quienes eran las personas a las cuales Cornelio dio estas limosnas?. Eran judíos que vivían a su alrededor.

Hechos 10:4 dice «Tus oraciones y tus limosnas han subido para memoria delante de Dios..»

Hechos 10:31 dice «Cornelio, tu oración ha sido oída, y tus limosnas han sido recordadas delante de Dios.»

Tres veces en el mismo capítulo. Un gentil justo que expresaba su amor incondicional por el pueblo judío de una manera práctica fue divinamente seleccionado por el cielo para ser el primero hogar gentil en recibir el evangelio de salvación y el primero en recibir el fluir del Espíritu Santo.

Esta combinación de Escrituras verifica que la prosperidad (Génesis 12:3, Sal 122:6) la sanidad divina (Lucas 7:1-5) y el derramamiento del Espíritu Santo (Hechos 10) vino primero a los gentiles que bendijeron a los judíos de la nación de Israel de una forma práctica. Pablo se explaya es su enseñanza en Romanos 15:27.

El principio bíblico para los gentiles bendecidos por bendecir al pueblo judío puede verse con Jacob y Laban. Jacob, uno de los patriarcas, trabajaba para Labán, que era sirio. Labán cambió el salario de Jacob diez veces, siempre en su perjuicio. Jacob pronto se cansó de este abuso y le dijo a Laban que se iba, Laban respondió disculpándose «Halle yo ahora gracia en tus ojos, y quédate; he experimentado que Jehová me ha bendecido por tu causa.» (Génesis 30:27) Laban era un gentil quien confesó que reconocía la bendición específica de Dios sobre su familia por causa de Jacob.

La bendición continúa en la historia de José y el Faraón. José salvó al mundo gentil de la hambruna por su poder divino de interpretar sueños. El faraón bendijo a José haciéndolo el primer ministro de la nación y por darle a su familia las ricas tierras de Gosen, las cuales eran las mejores de Israel. El faraón trató a José y al pueblo judío como una extensión de su familia. Durante esta época de la historia de Egipto, las pirámides se construyeron y la gloria de Egipto alcanzó su cumbre. A través del ingenio de José, la comida almacenada fue usada para comprar muchas tierras para el faraón y Egipto. Después apareció un faraón que no conocía a José. Ese faraón persiguió al pueblo judío. Hizo de sus vidas algo grave y difícil a propósito. Los judíos se vieron forzados a hacer ladrillos sin paja. Fueron castigados con látigos, dejados morir de hambre y sus hijos varones fueron ahogados en el Río Nilo.

Dios le trajo a ese faraón y su administración diez plagas que destruyeron la economía de la nación. Finalmente, los primogénitos de todos los hogares egipcios murieron y el faraón mismo terminó hinchado y como comida de peces, flotando boca abajo ante el pueblo judío que había sido liberado de Egipto caminando a través del Mar Rojo en tierra seca.

Es de notar que lo que una nación le hace al pueblo judío, Dios le hace también a ellos. Los egipcios mataron a los niños judíos en el Río Nilo. Dios envió una plaga para matar a los primogénitos de todas las casas egipcias que no tenían la sangre del cordero en la puerta. Las lágrimas de los egipcios igualaron las de los judíos, hasta la última.

Cuando fui Berlín Oeste en 1984, como invitado del servicio militar de EEUU para hablar en su semana anual de renovación espiritual, me acompañó un guía alemán a través de Checkpoint Charlie, hacia Berlín Este. ¡Qué contraste entre el capitalismo y comunismo! El oeste de Berlín era un oasis de abundancia regado con la recompensa del capitalismo. Berlín este era un desierto que no tenía nada más que ofrecer que promesas vacías. El Este de Berlín era la propaganda del comunismo.

Separando el este de Alemania del oeste, había unas alambradas de tres metros de alto con una tierra de nadie de 100 metros en medio llena de torres de armas y ovejeros alemanes entrenados como perros de ataque. El guía alemán se volvió a mí y me disparó una pregunta la cual no vi venir: «Pastor Hagee, ¿por qué Dios permite que los rusos construyan cercos alrededor de los alemanes con armas y perros de ataque?»

La respuesta salía de mi boca como un relámpago: «Dios le permitió a los rusos construir estos alambres alrededor de los alemanes para tenerlos a ustedes como prisioneros con armas y perros de ataque, porque ustedes hicieron los mismo a cada judío en los campos de concentración. Ustedes hicieron esto en Dachau y Auschwitz, y por cada judío que muera, ustedes tendrán que responderle a Dios».

5. Dios juzga a los gentiles por sus abusos hacia los judíos

En Éxodo 17 está la historia de los amalecitas que atacaron a los hijos de Israel que salían de Egipto hacia la Tierra Prometida. Como los amalecitas, descendientes de Esaú a quien Dios detestaba, atacaron a los judíos Dios prometió estar en guerra con Amaled de generación en generación.

> Y Jehová dijo a Moisés: Escribe esto para memoria en un libro, y di a Josué que raeré del todo la memoria de Amalec de debajo del cielo. Y Moisés edificó un altar, y llamó su nombre Jehová-nisi; y dijo: Por cuanto la mano de Amalec se levantó contra el trono de Jehová, Jehová tendrá guerra con Amalec de generación en generación.
>
> ÉXODO 17:14-16

Como Amalec atacó al pueblo judío en su salida de Egipto Dios prometió estar en guerra con él hasta que quitara su recuerdo de debajo del sol. Esto significa que Dios tenía la intención de exterminarle a él y a su pueblo. Siglos después Dios seguía en guerra con Amalec. Dios envió al Rey Saúl para que destruyera a los amalecitas por completo. Leemos:

> Así ha dicho Jehová de los ejércitos: Yo castigaré lo que hizo Amalec a Israel al oponérsele en el camino cuando subía de Egipto. Ve, pues, y hiere a Amalec, y destruye todo lo que tiene, y no te apiades de él; mata a hombres, mujeres, niños, y aun los de pecho, vacas, ovejas, camellos y asnos.
>
> 1 Samuel 15:2-3

En 1 Samuel 15:28 como Saúl se negó a obedecer al Señor Dios le quitó el reino y se lo dio a otro. El juicio sobre Saúl fue instantáneo porque se negó a cumplir el juicio de Dios sobre aquellos que habían atacado al pueblo judío.

En 1 Samuel 15:28-29 Samuel le dijo a Saúl: «Jehová ha rasgado hoy de ti el reino de Israel, y lo ha dado a un prójimo tuyo mejor que tú. Además, el que es la Gloria de Israel no mentirá, ni se arrepentirá, porque no es hombre para que se arrepienta.»

Aquí hay algo que no podemos pasar por alto. Habían pasado siglos desde el tiempo de Moisés hasta el teimpo del Rey Saúl, y sin embargo Dios no había cambiado de idea en cuanto a exterminar a los descendientes de Amalec, «hombres, mujeres, niños, y aun los de pecho, vacas, ovejas, camellos y asnos».

Otra ilustración de que Dios juzgó a los gentiles que atacaron a los judíos fue el faraón «que no conocía a José»

Una tercera ilustración de Dios destruyendo a los gentiles que atacaron al pueblo judíos es la de Amán. Amán era un Hitler del Antiguo Testamento, que planificó la primera «solución final» para los judíos que vivía en Persia. La historia está registrada de manera vívida en las páginas de la Palabra de Dios (ver el Libro de Ester).

El resultado final fue que Amán y sus siete hijos terminaron colgados de las horcas que habían construido para matar a los judíos de Persia. El jucio de Dios cayó sobre los que intentaron destruir al pueblo judíos. Lo que Amán había planeado para los judíos le sucedió a él y a sus hijos.

¿Dónde está el imperio romano? ¿Y la civilización griega?¿Dónde están los babilonios? ¿Los turcos? ¿El imperio otomano? ¿Hitler y sus nazis marchando a paso de ganso? Son todas notas, anotaciones en el osario de la historia humana porque todos cometieron el mismo error: atacaron al pueblo judíos, y Dios Todopoderoso los llevó a la nada.

Hitler hizo que mataran a los judíos y los echaran en fosas para ser quemados. También hizo que murieran en cámaras de gas, o quemados en hornos, y mandó esparcir sus cenizas, que volaron como copos de nieve sobre los campos ¿Cómo murió Hitler? Se suicidó y ordenó a sus fanáticos y lunáticos seguidores nazis que le empaparan con diez litros de combustible y luego lo quemaran hasta reducirlo a cenizas. Lo que les hagamos a los judíos, nos sucederá a nosotros.

Dios promete castigar a las naciones que ataquen a Israel (Génesis 12:3). Estados Unidos, los árabes, la Unión Europea, las Naciones Unidas, Rusia, China –de hecho, todas las naciones– están en el valle de la decisión. Toda nación que tenga la arrogancia de interferir con el plan de Dios para Israel, incluyendo a los Estados Unidos, no está solo en contra de Israel sino en última instancia en contra de Dios. Dios se levanta para juzgar a las naciones del mundo basándose en cómo han tratado al Estado de Israel.

En marzo de 12002 cuando la retórica de la Casa Blanca avanzaba contra Israel el Senador James Inhofe (R-OK) dio uno de los mejores discursos que se hayan oído en el Senado de los EEUU. El Senador Inhofe tituló este discurso «Siete razones por las que Israel tiene derecho a las tierras». Esta es una versión abreviada del magnífico discurso del senador:[5]

1. ¡La evidencia arqueológica dice que la tierra es de Israel!
Cada nueva excavación arqueológica respalda el hecho de que los judíos han estado presentes en Israel durante tres mil años, Incluyendo monedas, ciudades, objetos de cerámica y otros artefactos culturales. Su reclamo sobre las tierras precede al de cualquier otro pueblo en la región. Los antiguos filisteos se extinguieron, al igual que otros pueblos de la antigüedad. No tienen la línea ininterrumpida que tienen los israelitas. Los primeros israelitas modernos son descendientes directos de los israelitas originales.

2. Israel tiene derecho histórico a las tierras.
Israel existió como nación hasta la época del imperio romano. Aún después de las dispersiones de los años 70 y 135 AD, siguió habiendo fuerte presencia judía. Los turcos tomaron el control hace setecientos años y gobernaron hasta

que Gran Bretaña como aliada de Alemania, los derrotó en la Primera Guerra Mundial. El Mariscal de campo británico Edmond Allenby tomó Jerusalén sin disparar una sola bala. Agradecida por las contribuciones que los científicos y empresarios judíos habían hecho al esfuerzo de la guerra, en 1917 Gran Bretaña prometió apartar determinadas tierras capturadas (todo Israel y Jordania del presente), para los judíos. Nadie protestó porque esa tierra era considerada inútil e inhabitable para cualquier asentamiento de población de tamaño considerable. Los árabes comenzaron a repoblar las tierras solamente luego de que los judíos la trabajaran y volvieran a hacerla próspera. No hay nación en la región con reclamo histórico más antiguo a las tierras que Israel. Arabia Saudita no fue creada sino hasta 1913; Líbano en 1920; Irak en 1932; Siria en 1941; Jordania en 1946 y Kuwait en 1961.

3. Valor práctico de Israel para el Medio Oriente

Israel es una maravilla de la agricultura moderna. Produjo más comida en un desierto de lo que logró cualquier otro pueblo. Los árabes debieran ser amigos de Israel, importar su tecnología y hacer que Medio Oriente, como Israel, fuera exportador de alimentos.

Las Fuerzas de Defensas Israelíes dan gran estabilidad al tumultuoso Medio Oriente. Si las Fuerzas de Defensa Israelíes no pudieran lograr que haya paz en la región los EEUU necesitarían enviar miles de tropas con costo de miles de millones de dólares para dar seguridad a una tierra que es crítica para nuestra seguridad nacional, considerando que está en juego el golfo pérsico, tan rico en petróleo.

4. *La tierra de Israel: suelo de preocupación humanitaria*

Seis millones de judíos fueron masacrados en Europa durante la Segunda Guerra Mundial. Los judíos fueron perseguidos en Rusia bajo los zares, bajo el comunismo y aún hoy. Por su propia protección y desarrollo los judíos necesitaban una tierra propia. Si no en ese lugar ¿dónde más? La nación de Israel cabría siete veces en el estado de Oklahoma, donde yo vivo.

5. *Israel es aliado estratégico de los EEUU*

Israel es un impedimento a los grupos hostiles a Estados Unidos. Si no fuera por nuestro aliado estratégico, Israel, estarían al mando de todo Medio Oriente. Tenemos solamente un amigo en esa región con quien podemos contar. Israel vota con nosotros en las Naciones Unidas más que cualquier otra nación, incluyendo a Inglaterra, Canadá, Francia y Alemania.

6. *Israel es la barrera del terrorismo*

La guerra que enfrentamos no es contra una nación soberana sino contra un grupo móvil de terroristas que van de un país a otro. Son casi invisibles. Necesitamos la alianza con Israel. Si no logramos detener a los terroristas en Medio Oriente, habrá que hacerlo en nuestras costas. Creo que la puerta espiritual se abrió para un ataque contra los EEUU porque ha sido política de nuestro gobierno exigir y presionar a los israelíes para que no actúen de manera demasiado violenta contra los ataques terroristas que sufrieron.

Desde su independencia en 1948 Israel ha peleado cuatro guerras: la Guerra de la Independencia (1948-1949); la Guerra de 1956, Campaña de SINAB; la Guerra de los Seis Días en 1967; y la Guerra de Yom Kippur en 1973. En los cuatro casos, Israel fue atacado. Nunca fue quien agredió primero. Ganaron las cuatro guerras aún teniendo todas las posibilidades en su contra.

7. *¡Debemos apoyar el derecho de Israel a la tierra porque Dios lo dijo!* En Génesis 13:14-17 la Biblia dice: «Y Jehová dijo a Abram, ... Alza ahora tus ojos, y mira desde el lugar donde estás ... Porque toda la tierra que ves, la daré a ti y a tu descendencia para siempre.»

APÉNDICE:

ISRAEL – LÍNEA DE TIEMPO EN SU HISTORIA

LA MONARQUÍA: PRIMERA NACIÓN
(APROX. 1004-586 AC)

1004   El Rey David conquista Jerusalén de los Jebusitas. Convierte a Jerusalén en la capital. (Algunos estudiosos indican que el Rey David no descubrió Jerusalén, sino que conquistó una habitada ciudad de 2000 años de existencia.)

1010-970   Reinado de David.

Aprox. 960   El Rey Salomón comienza la creación del primer templo.

928   División del reino en Israel (al norte) y Judá (al sur).

722   Ezequías resiste el ataque de Senaquerib a Jerusalén de manera victoriosa.

597   Los babilonios capturan Jerusalén.

586   Nabucodonosor destruye la ciudad junto con el primer templo y envía a los judíos a exilio a Babilonia.

EL PERÍODO PERSA
(539-332 AC)

539   Caída de Babilonia.

538-537   Ciro permite a los judíos (alrededor de 50.000) regresar a Jerusalén desde Babilonia.

520   Comienza la construcción del segundo templo bajo las órdenes de Zorobabel.

515   Terminación y rededicación del segundo templo.

445   El Rey Artajerjes nombra gobernador de Judea a Nehemías y éste reconstruye los muros de la ciudad.

397   Esdras, el escriba, inicia una reforma religiosa.

EL PERÍODO HELÉNICO
(332-167 AC)

332   Alejandro Magno conquista Palestina.

323	Alejandro muere en Babilonia; comienzan las guerras para determinar su sucesor.
320	Tolomeo I captura Jerusalén.
230-198	Reinado de Tolomeos egipcios
198-167	Reinado de Sirios seléucidos,
167	Antíoco IV de Siria decreta la abolición de las leyes judías y saquea el segundo templo.

EL PERÍODO ASMONEO
(167-63 AC)

167-141	Rebelión de los macabeos en lucha por su liberación.
164	Judas Macabeo reconquista Jerusalén y restaura el templo.
166-160	Reinado de Judas el Macabeo.
160-143	Reinado de Jonathan.
143-135	Reinado de Simón Macabeo.

PERÍODO ROMANO
(63 AC-324 DC)

63	El general romano Pompeyo y sus legiones conquistan Jerusalén.
63-67	Los gobernantes Asmoneos continúan bajo la protección de Roma.
40	Roma nombra a Herodes rey de Judea.
40-4 DC	Reinado de Herodes el Grande.
37	El rey Herodes captura Jerusalén.
18	Herodes comienza la reconstrucción del templo.
Aprox. 7 AC-31 DC	Vida de Jesús de Nazaret
4 AC	Jerusalén es gobernada desde Cesarea por procuradores Romanos. Muerte de Herodes. Período del Nuevo Testamento bajo el reinado Romano (primer siglo DC)
26-36	Poncio Pilatos, procurador romano a cargo de Judea.
27-31	El ministerio de Jesús.
31	Crucifixión de Jesús.
63	Terminación del templo.
66	Los judíos se revelan contra los romanos.

70	Jerusalén es demolida por Tito; los sobrevivientes son exiliados o vendidos como esclavos.
132	Bar Kochba lidera la rebelión que lleva a Roma a la ruina.
135	El emperador Adriano reconstruye Jerusalén; levanta nuevos muros y bautiza a la ciudad Aelia Capitolina y al país Palestina; prohíbe a los judíos volver a Jerusalén.

EL PERÍODO BIZANTINO
(324-638)

313	El emperador Constantino legaliza el Cristianismo.
324	Constantino se convierte en el único gobernante del imperio.
326	La Reina Helena descubre Gólgota y otros lugares santos; su hijo, Constantino, construye Anastasia (Iglesia del Santo Sepulcro).
438	La emperatriz Eudoxia permite que los judíos vivan en Jerusalén.
614	Conquista Persa sobre Jerusalén.
628	El emperador Heráculo reconquista la ciudad.

PERÍODO MUSULMÁN TEMPRANO
(639-1099)

638	Seis años después de la muerte de Mahoma Omar Caliph captura Jerusalén; los judíos son admitidos.
691	El califa Abd Al-Malik construye el domo de la Piedra.
715	La mezquita Al-Aqsa es terminada por Al-Walid Al-Malik.
750	El poder pasa de las manos de Umayyads de Damasco a Abbasids de Bagdad; Abbasids continúa mejorando Jerusalén.
969	La conquista Fatimita es seguida por la destrucción de todas las iglesias y sinagogas.
1071	Los Selijuk devastan Jerusalén.

EL PERÍODO DE LAS CRUZADAS
(1099-1571)

| 1099 | Los caballeros, comandados por Godofredo de Bouillon capturaron Jerusalén; Baldwin I fue declarado rey; judíos y musulmanes fueron asesinados. |

1187	El kurdo General Saladino quita a Jerusalén del poder de los caballeros; permite que tanto judíos como musulmanes regresen y se asienten en Jerusalén.

PERÍODO AYUBIDA Y MAMELUCO
(1187-1517)

1229	Un tratado le devuelve Jerusalén a los caballeros.
1244	Los sultanes mamelucos derrotan a los ayubidas y toman el poder en Jerusalén; la ciudad cae una vez más en manos musulmanas.
1260	Los mamelucos de Egipto gobiernan Jerusalén desde El Cairo.
1267	El Rabí Moshe Ben Nahman regresa desde España, y revive a la congregación judía.
1275	Marco Polo pasa por Jerusalén en su viaje a China.
1291	Acre, el último caballero que resistía en la Tierra Sagrada, es capturado por los mamelucos
1348	La peste bubónica invade Jerusalén.
1492	Los judíos regresan de su exilio en España.

EL PERÍODO OTOMANO
(1571-1971)

1517	Jerusalén y Palestina pasan a formar parte del Imperio Otomano.
1537-1541	El sultán Sulimán el Magnífico, reconstruye los muros de la ciudad.
1799	Napoleón invade Palestina, pero no intenta conquistar Jerusalén.
1831	Mohammed Ali de Egipto gobierna el país durante nueve años.
1838	Se abre el primer consulado (Británico) en Jerusalén.
1849	Consagración de la Iglesia de Cristo, primer Iglesia Protestante en el Medio Oriente.
1860	Primer asentamiento Judío fuera de los muros de la ciudad.
1892	El ferrocarril conecta la ciudad con la costa.
1898	Visita del Dr. Theodor Herzl, fundador de World Zionist Organization.

EL PERÍODO DEL MANDATO BRITÁNICO
(1917-1948)

1917   Conquista Británica y entrada del General Allenby en Jerusalén.

1920   El mandato sobre Palestina es conferido a Gran Bretaña.

1921-1929 Disturbios Árabe-Judíos.

1936-1939 Disturbios Árabe-Judíos.

1925   Se inaugura la Universidad Hebrea.

1947   Resolución de la Naciones Unidas en la creación de un estado Judío y uno Árabe en Palestina.

1948   Gran Bretaña se retira de Palestina; el país es invadido por armamento proveniente de países limítrofes; el 14 de Mayo se declara el Estado de Israel.

EL PERÍODO ISRAELÍ
(1948-HASTA LA ACTUALIDAD)

1948-1949 Guerra de Liberación Israelí (también conocida como "la guerra de 1948-1949").

1949   Se firma el armisticio Israelí-Transjordánico; Se divide Jerusalén entre dos países. Jerusalén es proclamada la capital de Israel; Jerusalén del este es gobernada por Jordania

1967   Los israelíes capturan la vieja ciudad después de seis días de guerra.

1973   La guerra de Yom Kippur.

1979   Egipto e Israel firman un tratado de paz.

1993   Israel y la OLP firman la Declaración de Principios.

1995   Israel y Jordania firman tratado de paz.

NOTAS

Sección 1—¿Dónde estamos hoy?

1. Amir Frayman, "El programa Nuclear de Irán," El instituto para combatir el terrorismo, 15 de Septiembre, del 2005, acceso: http://www.ict.org.il/ a partir del 5 de Octubre, del 2005

Capítulo 1—La cuenta regresiva nuclear que se acerca, entre Irán e Israel

1. Ahmed Rashid, "He vendido secretos nucleares a Libia, Irán y Corea del Norte," *Telegraph.co.uk*, como se vio en http://www.telegraph.co.uk/news/main.jhtml?xml=/news/2004/02/03/wpak03.xml a partir del Agosto 16, 2005.

2. Ibid.

3. Ibid.

4. Gil Hoffman y Tovah Lazaroff, "Irán es capaz de producir una Bomba Nuclear para el 2005," *Jerusalem Post*, 5 de Agosto del 2003.

5. Kenneth Timmerman, *Cuenta Regresiva hacia la Crisis* (New York: Foro Crown, 2005), 305.

6. Ibid., 305–306.

7. Entrevista con Gen. Paul Vallely (Ret.), *Exclusiva Reseña Inteligente*, 26 de Agosto del 2005, acceso: http://www.larouchepub.com/other/interviews/2005/3233paul_vallely.html a partir del Septiembre 30, 2005.

8. Ibid.

9. Associated Press, "Israel comparte información exclusive con las Estados Unidos de América acerca de las bombas nucleares pertenecientes a Irán," *FoxNews.com, acceso:* http://www.foxnews.com/story/0,2933,153342,00.html a partir del Septiembre 15, 2005

10. Ibid.

11. "'Irán está cerca de la Bomba Nuclear': Científico Iraní," *Iran Focus*, Miércoles 13 de Julio del 2005, acceso: http://www.iranfocus.com/modules/news/print.php?storyid=2839 a partir del Septiembre 15, 2005.

12. Ibid.

13. Graham Allison, *Terrorismo Nuclear* (New York: Times Books, 2004).

14. Joel C. Rosenberg, "El terror de Tehran," *National Review Online*, 27 de Junio del 2005, acceso: http://www.nationalreview.com/comment/rosenberg200506270949.asp a partir del 15 de Septiembre del, 2005.

15. Bret Baier, "What Are U.S. Military Options in Iran?"*FOX-News.com*, April 24, 2005, acceso: http://www.foxnews.com/story/0,2933,154245,00.html el 15 de septiembre, 2005.

16. William M. Arkin, "Plan Secreto prefigure la Impensable," *Los Angeles Times*, 9 de Marzo del 2002, acceso: http://www.commondreams.org/cgi-bin/print.cgi?file=/views02/0309-04.htm a partir del 30 de Septiembre del 2005.

17. Ibid.

18. Ibid.

19. Derechos de Autor AP/ Wide World Photos, uso bajo permiso.

20. Felix Frish, "¿Cómo atacar los Reactores en Irán?," *Ma'ariv*, 19 de Abril del 2005.

21. Ibid.

22. Ibid.

23. Ibid.

24. "La multinuclear Irán del Medio Oriente, la Bomba e Israel," Conferencia del Centro de Diálogo Estratégico, **Netanya Academic College**, Israel, 17 de Abril del 2005.

25. David Wood, "Los Estados Unidos venden Bombas Teledirigidas de alta Precisión a Israel," Newhouse News Service, 23 de Septiembre del 2004, acceso: http://www.newhousenews.com/archive/wood092304.html a partir del 16 de Septiembre del 2005.

26. Joyce Howard Price y David R. Sands, "Los Líderes de Irán están vinculados a la Crisis de la Embajada del '79," *Washington Times*, 30 de Junio del 2005, acceso: http://www.washingtontimes.com/world/20050630-124235-3835r.htm a partir del 26 de Agosto del 2005.

27. "Aljazeera: Mahmoud Ahmadinejad Involucrados en el Planeamiento de la toma de la Embajada Estadounidense y la Embajada Soviética," Hyscience.com, acceso: http://www.hyscience.com/archives/2005/06/aljazeera_mahmo.php a partir del 26 de Agosto del 2005.

28. "French Daily: El Iraní Ahmadinejad fue un Secuestrador clave en la toma de la Embajada estadounidense," *Iran Focus*, 29 de Junio del 2005, acceso: http://www.iranfocus.com/modules/news/article.php?storyid=2687 a partir del 26 de Agosto del 2005.

29. "Aljazeera: Mahmoud Ahmadinejad Involucrados en el Planeamiento de la toma de la Embajada Estadounidense y la Embajada Soviética,"

30. Ramita Navai, "El Presidente Invoca a un Nuevo Movimiento Islámico," *Times Online*, 30 de Junio del 2005, acceso: http://www.timesonline.co.uk/article/0,,251-674547,00.html a partir del 26 de Agosto del 2005.

31. Safa Haeri, "Irán en curso a un momento decisivo," *Asia Times Online, 28 de Octubre del 2005*, acceso: http://www.atimes.com/atimes/Middle_East/GJ28Ak03.html a partir del *28 de Octubre del 2005*.

32. Ibid.

33. Scott Peterson, "Iran's New Hard-Liner Maps Path," *Christian Science Monitor*, acceso: http://www.csmonitor.com/2005/0627/p01s04-wome.html?s=widep a partir del 26 de Octubre del 2005.

34. Ali Akbar Dareini, "Irán desafía al Oeste, Continúa con sus proyectos Nucleares,"Associated Press, KansasCity.com, acceso: http://www.kansascity.com/mld/kansascity/news/special_packages/election2004/polls/12330891.htm?template=contentModules/printstory.jsp a partir del 18 de Octubre del 2005.

35. "Rusia daría ayuda Nuclear a Irán," *Washington Times, 27 de Julio del*2002, acceso: http://nl.newsbank.com/nl-search/we/Archives?p_product=WT&p_theme=wr&p_action=s a partir del 26 de Agosto del 2005.

36. "Irán posee gas usado en bombas nucleares, informan," *Iran Focus, 2 de Septiembre del* 2005, acceso: http://www.iranfocus.com/modules/news/article.php?storyid=3578 a partir del 3 de Octubre del 2005.

37. Ibid.

38. "Bush Advierte a Irán sobre Planes Nucleares," *BBC News, World Edition*, 13 de Agosto del 2005, acceso: http://news.bbc.co.uk/2/hi/middle_east/4147892.stm a partir del 26 de Agosto del 2005.

CAPÍTULO 2: ¡HIROSHIMA NORTEAMERICANO?

1. Baier, "¿Cuáles son las opciones militares de Estados Unidos en Irán?"

2. "Senado listo para ayuda de guerra," 6 de Octubre del 2005, CBS News, acceso a http://www.cbsnews.com/stories/2005/10/06/iraq/main917420.shtml el 7 de Octubre del 2005.

3. Baier, "¿Cuáles son las opciones militares de Estados Unidos en Irán?"

4. Ibid.

5. Ibid.

6. Ibid.

7. Ibid.

8. Timmerman, Cuenta Regresiva para la Crisis, 313–314.

9. "Un Ataque Preventivo sobre las Instalaciones Nucleares de Irán: Posibles Consecuencias," CNS Research Story, Center for Nonproliferation Studies, acceso: http://cns.miis.edu/pubs/week/040812.htm a partir del 30 de Septiembre del 2005.

10. Jefe de "Las Operaciones Suicidas de Irán' Jura Golpear los Intereses Estadounidenses," Iran Focus, 23 de Agosto del 2005, acceso: http://www.iranfocus.com/modules/news/article.php?storyid=3429 a partir del 3 de Octubre del 2005.

11. Ibid.

12. "Irán Ofrece Conocimientos Atómicos a Estados Islámicos," Reuters, 15 de Septiembre del 2005, acceso: http://www.freerepublic.com/focus/f-news/1484885/posts a partir del 30 de Septiembre del 2005.

13. Ryan Mauro, "Los Detalles de Paul Williams sobre 'La Hiroshima Americana'," WorldNetDaily, 3 de Septiembre del 2005, acceso: http://www.worldnetdaily.com/news/article.asp?ARTICLE_ID=46127 a partir del 30 de Septiembre del 2005.

14. Ibid.

15. Ibid.

16. Ibid.

17. Ibid.

18. Ibid.

19. Ibid.

20. Ibid.

21. "Irán Planea Dejar Fuera de Combate a los Estados Unidos con 1 Bomba Atómica," de Joseph Farah's G2 Bulletin, WorldNetDaily, 25 de Abril 25, 2005, acceso: http://worldnetdaily.com/news/article.asp?ARTICLE_ID=43956 a partir del 30 de Septiembre del 2005.

22. "Lo que Katrina le Enseño a Irán," Joseph Farah's G2 Bulletin, 19 de Septiembre del 2005, 1–5.

23. "Irán Planea Dejar Fuera de Combate a los Estados Unidos con 1 Bomba Atómica."

CAPÍTULO 3: QUITAR EL VELO AL ISLAM

24. "El Islam en Irán," *Wickipedia*, acceso: http://en.wikipedia.org/wiki/Islam_in_Iran el 16 de Septiembre del 2005.

25. Dave Hunt, "Un Momento para la Verdad," *The Berean Call*, Octubre 2001, acceso: http://www.netanyahu.org/momentfortruth.html el 3 de Octubre del 2005.

26. Para una detallada discusión sobre las dos época en la vida de Muhammad, vea Mark A. Gabriel, *El Islam y los Judíos* (Lake Mary, FL: Charisma House, 2003), capítulo 8.

27. Ibid., 46.

28. Ibid., 49.

29. *Bajo la Vigilancia del Jihad*, 5 de Octubre del 2005, acceso: http://www.jihadwatch.org/archives/2005/10/008438print.html 5 de Octubre del 2005.

30. Ibid.

31. Rod Dreher, "El Islam Según Oprah," *Theology Online.com*, acceso: http://www.theologyonline.com/forums/showthread.php?t=7949 3 de Octubre del 2005.

32. Ibid.

33. Samuel P. Huntington, *El Choque entre Civilizaciones y el Notable Orden Mundial* (New York: Simon & Schuster, 1998).

34. "'Jihad en America' Esta el Video: El Documental de PBS Revela la Amenaza del Terrorismo Domestico," *WorldNet Daily*, 31 de Octubre del 2001, acceso: http://www.wnd.com/news/article.asp?ARTICLE_ID=25136 12 de Octubre del 2005.

35. "Todo sobre el Islam," SimpleToRemember.com, Judaísmo Online, acceso: http://www.simpletoremember.com/vitals/IslamJudaism.htm 16 de Septiembre del 2005.

36. Rabbi Moshe Reiss, "El golpe entre Civilizaciones o entre Religiones," Comentario Bíblico: El Islam y el Oeste, acceso: http://www.moshereiss.org/west/02_clash/02_clash.htm 16 de Septiembre del 2005.

37. Ibid.

38. "Conflicto Árabe-Israelí: Hechos Básicos," Israel Science and Technology, Acceso: http://www.science.co.il/Arab-Israeli-conflict-2.asp 16 de Septiembre del 2005

39. Joel Leyden, "Al-Qaeda, los 39 Principios acerca de la Guerra Santa," Israel News Agency, acceso: http://www.israelnewsagency.com/Al-Qaeda.html 5 de Octubre del 2005.

40. Boaz Ganor, "Ni una Aldea Judía," International Policy Institute for Counter-Terrorism, acceso: http://www.ict.org.il/articles /islamic.htm 16 de Septiembre del 2005.

41. Ibid.

42. Daniel Pipes, "El Peligro entre Nosotros: La Militante Islam en América,"*Comentario*, 2001, acceso: http://www.danielpipes.org/article/77 3 de Octubre del 2005.

43. Ibid.

44. Reza Safa, *Dentro Del Islam* (Lake Mary, FL: Charisma House, 1996).

45. Mark A. Gabriel, *Jesus and Muhammad* (Lake Mary, FL: Charisma House, 2004), 147.

46. Ibid., 143.

47. Ibid., 147.

48. Ibid., 151–152

49. Artículo 11 de un convenio de 36 artículos, "El Convenio de Hamas," destacando la posición de Hamas, el más grande, y más activo grupo de la Jihad combatiendo en Israel, por Israel; acceso: www.hraic.org/the_covenant_of_hamas.html 12 de Diciembre del 2002, en Gabriel, *El Islam y los Judíos*, 150.

50. Abdullah Alnafisy, *No a la Normalización en Israel*, 2da edición (Michigan: La Asamblea Islámica de Norte América, 2000), en Gabriel, *El Islam y los Judíos*, 151.

SECCIÓN 2 - ¿CÓMO LLEGAMOS ADONDE ESTAMOS HOY?

CAPÍTULO 4 – JERUSALÉN, CIUDAD DE DIOS

1. David Aikman, "Por Amor a Israel," *Charisma*, Agosto 1996, 66.

2. El Departamento de estado de los Estados Unidos, "Mapa hacia la Paz en el Medio Oriente,"acceso: http://www.state.gov/ r/pa/ei/rls/22520.htm 17 de Agosto del 2005.

3. Sobre las atrocidades cometidas durante el estado de sitio de Tito, incluyendo incidentes de canibalismo, vea "Procuradores Romanos," acceso: http://emp.byui.edu/HAYESR/papers/matt24.htm 17 de Agosto del 2005.

4. Derek Prince, *La Tierra Prometida* (Grand Rapids, MI: Chosen Books, 1982), 92–93.

Capítulo 5: La guerra contra los judíos

1. "Siloam Inscription and Hezekiah's Tunnel," Biblical Heritage Center, acceso: http://www.biblicalheritage.org/Places/hez-tun.html 13 de Octubre del 2005.

Capítulo 6: El levantamiemnto del antisemitismo

1. Aikman, "For the Love of Israel"

2. Malcom Hay, The Roots of Christian Anti-Semitism (New York: Freedom Library Press, 1981), 13.

3. Josephus Flavius, The New Complete Works of Josephus (Grand Rapids, MD Kregel Publications, 1999), 872-873.

4. Flavius, The New Complete Works of Josephus.

Capítulo 7: Siglos de maltrato

1. "What Is Replacement Theology?" *Got Questions? The Bible Has the Answers*, acceso a http://www.gotquestions.org/replacement-theology .html Agosto 19, 2005.

2. Franklin Litell, *The Crucifixion of the Jews* (Macon, GA: Mercer University Press, 1996), 30.

3. John Hagee, *Should Christians Support Israel* (N.p.: Dominion Publishers, 1987), 5.

4. Dagobert R. Runes, *The War Against the Jews*, (New York: Philosophical Library, Inc., n.d.), 42. John Chrysostom, *Discourses Against Judaizing Christians*, traducido por by Paul W. Harkins. *The Fathers of the Church*; v. 68 (Washington: Catholic University of America Press, 1979)

5. "Invasions Under the Cross," Suppressed Histories.net con acceso: http://www.suppressedhistories.net/secret_history/invasions_cross.html del 23 de septiembre, 2005.

6. Elinor Slater y Robert Slater, *Great Moments in Jewish History* (New York: Jonathan David Publishers, 1998), 162.

7. Ibid.

8. Ibid., 163.

9. Elwood McQuaid, *The Zion Connection* (Eugene, OR: Harvest House, 1996), 17.

10. Slater, *Great Moments in Jewish History*, 166.

11. Runes, *The War Against the Jews*, 171.

12. Cecil Roth, *The Spanish Inquisition* (New York: W. W. Norton & Company, 1996); también ver "The Spanish Inquisition," The Bible Study, acceso: http://www.bibletopics.com/biblestudy/64.htm on August 19, 2005.

13. Cecil Roth, *History of the Jews in England* (Glouchester, UK: Clarendon Pr, 1985).

14. Malcolm Hay, *The Roots of Christian Anti-Semitism* (New York: Freedom Library Press, 1981), 166.

15. *Encyclopedia Judaica*, volumen 3 (Jerusalem, Keter Publishing House,1978), 103.

16. Hay, *The Roots of Christian Anti-Semitism*, 169

17. Adolf Hitler, *Mein Kampf*, traducido por Ralph Manheim (Boston: Houghton Mifflin Co. 1971), 65; también Sid Roth, "The Constantine Conspiracy," Sid Roth's Messianic Vision: Jewish Roots, acceso: http:// www.sidroth.org/jewishroots_main3.htm on August 19, 2005.

18. "Sixtieth Day, Friday, 15 February 1946, Morning Session: Nuremberg Trial Proceedings, Vol. 7," The Avalon Project en Yale Law School, acceso: http://www.yale.edu/lawweb/avalon/imt/proc/02-15-46.htm el 13 de octubre, 2005.

19. Hay, *The Roots of Christian Anti-Semitism*, 11.

20. Runes, The War Against the Jews, 13.

21. Ibid., 20.

22. Ibid., 91.

23. Harold Fickett, "John Paul II: Prophet of Freedom," GodSpy, Faith at the Edge, acceso: http://www.godspy.com/faith/John-Paul-the-Great-The-Prophet-of-Freedom-by-Harold-Fickett.cfm el 23 de septiembre, 2005.

24. Sam Ser, "What Will Follow 'the Best Pope the Jews Ever Had'?", *Jerusalem Post*, 3 de abril, 2005, acceso: http://www.jpost.com/servlet/Satellite?pagename=JPost/JPArticle/ShowFull&cid=1112494793946 el 19 de agosto , 2005.

25. Ibid.

26. Ibid.

CAPÍTULO 8—JERUSALÉN OBTIENE LA INDEPENDENCIA

1. "Modern History Sourcebook: The Balfour Declaration," acceso: http://www.fordham.edu/halsall/mod/balfour.html on August 23, 2005.

2. "The Palestine Mandate of the League of Nations, 1922," The British Mandate for Palestine, acceso: http://www.mideastweb.org/mandate.htm 23 de agosto, 2005.

3. Menachem Begin, *The Revolt* (New York: Dell Publishing, 1951, 1978).

4. "The British White Paper of June 1922," The Avalon Project at Yale Law School, acceso: http://www.yale.edu/lawweb/avalon/mideast/brwh1922.htm on 23 de agosto, 2005.

5. Begin, *The Revolt*, 70.

6. Ibid.

7. Ibid.

8. "The Bombing of the King David Hotel," Jewish Virtual Library, acceso: http://www.jewishvirtuallibrary.org/jsource/History/King_David.html on 23 de agosto, 2005.

9. "Declaration of Israel's Independence, 1948," The Avalon Project en la Yale Law School, acceso: http://www.yale.edu/lawweb/avalon/mideast/israel.htm el 23 de agosto, 2005.

10. "How Did the Arab Territory of Transjordan Come Into Being?"Palestine Facts: British Mandate Transjordan, acceso: http://www.palestinefacts.org/pf_mandate_transjordan.php el 23 de agosto, 2005.

11. Slater, *Great Moments in Jewish History*, 115.

12. Ibid., 116.

13. Ibid.

14. Ibid., 116–117.

15. Ibid.

16. Ibid., 122.

17. Ibid., 126.

18. Ibid.

19. Ibid., 128

20. Ibid.

21. Ibid.

SECCIÓN 3 —¿QUÉ TRAE EL FUTURO?

1. John Hagee, *The Battle for Jerusalem* (Nashville, TN: Thomas Nelson Publishers, 2001), 103–119.

Capítulo 10 —Las guerra de Ezequiel- Los rusos se aproximan

1. *International Standard Bible Encyclopaedia*, Electronic Database 1996, Biblesoft.

2. Dean Stanley, *History of the Eastern Church*, . Ver tambíen Dan Styles, "Keeping Perspective When We Differ," acceso: http://www.tidings.org/editorials/editor200005.htm 30 de agosto 30, 2005.

3. John Cumming, MD, *The Destiny of Nations* (London: Hurst & Blackette, 1864).

4. Hal Lindsey, *The Late Great Planet Earth* (Grand Rapids, MI: Zondervan, 1970), 59.

5. Vernon J. McGee, *Through the Bible*, vol. 3 (Nashville, TN: Thomas Nelson Publishers, 1982), 513.

6. Ibid., 513–514.

7. Wilhelm Gesenius, DD, *Hebrew and English Lexicon* (n.p.).

8. Jephraim P. Gundzik, "The Ties That Bind China, Russia and Iran," *Asia Times Online*, 4 de junio, 2005, acceso: http://www.atimes.com/ atimes/China/GF04Ad07.html 30 de agosto, 2005.

9. "Iran Removes UN's Nuclear Seals," *BBC News*, UK edition, acceso: http://news.bbc.co.uk/go/pr/fr/-/1/hi/world/middle_east /4136662.stm 30 de agosto, 2005.

Capítulo 11:El fin del comienzo

1. Alan Dershowitz, El Caso de Israel (Hoboken, NJ: John Wiley & Sons, 2004).

2. Para un breve vistazo a la historia y ubicación de Petra, acceso: http://www.brown.edu/Departments/Anthropology/Petra/ (revisado el 31 de Agosto del 2005).

3. Stephen Roach, "Culpando a China," *Time Asia*, publicado el lunes 9 de Mayo del 2005, en AmericanEconomicAlert.org, acceso: http://www.americaneconomicalert.org/news_item.asp?NID=1529663 a partir del Octubre 14, 2005

4. Mark Mazzetti, "El Ejercito Chino es una Amenaza para Asia, dice Rumsfeld," *Los Angeles Times*, 4 de Junio del 2005, publicado en GlobalSecurity.org, en las noticias, acceso: http://www.globalsecurity.org /org/news/2005/050604-china-asia.htm a partir del Agosto 31, 2005.

5. Peter S. Goodman, "Gran Cambio en la Política Petrolera China," *Washington Post*, 13 de Julio del 2005, washingtonpost.com, acceso: http://www.washingtonpost.com/wp-dyn/content/article/ 2005/07/12/AR2005071201546_pf.html, a partir del Agosto 31, 2005.

6. "Armagedón," en Philologos, Busqueda de Profecias Bíblicas, acceso: http://philologos.org/bpr/files/a005.htm 31 de Agosto del 2005.

Capítulo 13 - —¿Quién es judío?

1. John Toland, *Adolf Hitler* (New York: Anchor, 1991), 3–4 capítulo 16 - Dios bendice a los gentiles que bendicen a Israel

2. *El Comentario de Adam Clarke*, Electronic Database. Derechos de Autor © 1996 por Biblesoft

Capítulo 17 - Todo Israel será salvo

1. La Septuaginta Versión del Antiguo Testamento, con una traducción al ingles por Sir Lancelot Brenton, acceso: http://www.ccel.org/ b/brenton/lxx/htm/TOC.htm a partir del 23 de Septiembre del 2005.

Capítulo 18 - Cinco razones bíblicas por las que los cristianos deben apoyar a Israel

1. Adaptado de la nota de prensa de Gary L. Bauer 13 de Septiembre del 2005, OurAmericanValues.org, acceso: http://www.ouramericanva-lues.org/index.php

2. Entrevista con el Líder de Hamas, el Dr. Mahmoud al-Zahar, quien apareció en Asharq Al-Awsat el 18 de Agosto del 2005, acceso: http://memri.org/bin/articles.cgi?Page=archives&Area=sd&ID=SP964 05 a partir del 23 de Septiembre del 2005.

3. La Concesión Real de Abraham fue tomada de Clarence Larkin, Dispensational Truth (Adrian, MI: Lifeline Books, 1918), ahora accesible del Rev. Clarence Larkin Estate acceso: http://www.larkinestate.com/index.html.

4. Esta cita es atribuida a Oscar Hammerstein II, qui_n la di_ en forma de consejo a Mary Martin.

5. Declaración del Senador James Inhofe, "Siete Razones por las que esa tierra le pertenece a Israel," 4 de Marzo del 2002, CBN.com acceso: http://www.cbn.com/CBNnews/news/020308c.asp a partir del Septiembre 23, 2005